公交客车驾驶员培训系列教材

城市公交企业安全管理与事故处置

主　编　庞远智

重庆大学出版社

内 容 提 要

本书从公交等汽车运输企业安全管理的角度，较全面地介绍了道路交通事故分类及责任划分；交通事故的危害及典型案例分析启示；安全管理的技巧与细节；安全管理体系及基本制度；心理因素对安全行车的影响、性格与气质对安全行车的影响；疲劳驾驶的原因及预防；事故报警与急救、事故快速处理、事故保险理赔处理；汽车火灾预防与厂区消防管理；站场及维修安全管理等内容。通过学习可让汽车驾驶学员了解交通事故的危害、发生事故的主要因素、事故防范措施、公交企业安全管理机制，熟悉企业现行安全管理要求，以便更好地融入企业、服从管理。同时通过本课程的学习，可以掌握企业安全管理的要点、方法及事故善后处理程序，为今后从事安全管理工作打下良好的理论基础。

本书的主要对象为职业汽车驾驶员、安全管理人员、驾校学员、中职及高职汽车驾驶专业学生，也可作为汽车运输企业安全教育培训用书。

图书在版编目（CIP）数据

城市公交企业安全管理与事故处置 / 庞远智主编
. --重庆 ：重庆大学出版社，2020.1
ISBN 978-7-5689-1499-4

Ⅰ.①城… Ⅱ.①庞… Ⅲ.①城市交通—交通企业—安全管理②城市交通—交通事故—事故处理 Ⅳ.①F570.6②U491.31

中国版本图书馆 CIP 数据核字（2019）第 258171 号

城市公交企业安全管理与事故处置
主　编　庞远智
策划编辑：周　立
责任编辑：文　鹏　吴　薪　　版式设计：周　立
责任校对：邬小梅　　　　　　责任印制：张　策
*
重庆大学出版社出版发行
出版人：饶帮华
社址：重庆市沙坪坝区大学城西路 21 号
邮编：401331
电话：（023）88617190　88617185（中小学）
传真：（023）88617186　88617166
网址：http://www.cqup.com.cn
邮箱：fxk@cqup.com.cn（营销中心）
全国新华书店经销
POD：重庆新生代彩印技术有限公司
*
开本：787mm×1092mm　1/16　印张：8.75　字数：193 千
2020 年 1 月第 1 版　　2020 年 1 月第 1 次印刷
ISBN 978-7-5689-1499-4　定价：36.00 元

前言

安全管理的要点是建立安全管理机制，包括建立安全管理体系，制定安全管理制度，落实对事故隐患的排查整改和对各类违章及事故的查处等主要内容。安全管理是一个全员参与的基础管理，涉及对人的管理、物的管理及资金投入，它贯穿于生产的全过程，哪里有生产活动，哪里就应有相应的安全管理。汽车运输企业是安全生产的高危行业之一，安全管理更应是企业管理的一个重要组成部分。

本书在习近平新时代中国特色社会主义思想指导下，落实“新工科”建设要求，旨在让汽车驾驶学员了解交通事故的危害、发生事故的主要因素、事故防范措施、公交企业安全管理机制。熟悉公交企业现行安全管理要求，以便更好地融入企业、服从管理。同时通过本课程的学习，可以掌握企业安全管理的要点、方法及事故善后处理程序，为今后从事安全管理工作打下良好的理论基础。城市公交企业对一般工作人员的要求较高，对驾驶员的要求也非常严格，对违章违纪处理较重，所以驾驶员应熟悉规定，服从管理。

本书由重庆公共交通技工学校教授级高级工程师庞远智担任主编，参加本书编写的还有重庆公共交通技工学校彭建捷、何秀平。

在编写中，参照了重庆市公共交通控股(集团)有限公司安全管理的成功模式，参阅了国内外相关的书刊，同时借鉴了网络资源、资料，在此，向本书所参考、借鉴资料的企业及原作者致以谢意。

由于笔者水平有限,书中难免有一些不妥之处,敬请读者批评指正。

编 者

2019 年 10 月

目录

项目一
安全管理的目的与意义

教学目标

通过学习安全管理的目的与意义、安全管理的地位和作用、安全管理机制、安全管理机构、职能人员安全生产责任制要点等内容，增加对安全管理必要性的理解，增强服从管理的自觉性。通过对道路交通事故责任划分等内容的学习，了解驾驶员肩上的安全责任。通过典型交通事故案例及启示教育，认识到事故猛如虎，我们应从案例分析及启示中吸取教训，牢固树立危机意识，提高驾驶员遵章守纪、自觉维护安全的自觉性。

任务一　安全管理概述

一、安全管理的发展

管理是人们为了实现预定目标，按照一定的原则，通过科学组织、指挥和协调的群体活动，以达到个人单独活动所不能达到的效果。安全生产管理就是生产经营单位负责人、生产管理者和全体员工，为实现安全生产目标，按照一定的安全管理原则，通过科学组织、指挥和协调而进行的保障安全生产的活动。要实现企业的安全生产管理，需要学习和掌握安全生产管理的原理、方法、手段及科学技术方法等技防知识，需要熟悉和研究企业生产的全过程，辨识各个环节的安全风险，进行必要的投入及采取积极的预防措施。

安全管理是安全生产最基本的保障手段和措施，其主要内容有以下三点：一是安全管理对策，从管理入手，协调人—车—环境因素，实现对生产人员、生产技术和生产过程的控制与协调。既涉及物也涉及人的管理，为实现安全生产目标发挥主导作用。二是安全教育对策，即对作业人员的行为进行安全教育和标准化训练，做到能辨识和排除安全风险，提高自我保护意识，懂得遵章守纪，熟悉有关安全生产规章制度和安全操作规程，掌握本岗位的安全操作技能，做到不伤害别人，不伤害自己，提高人的安全素质。三是安全工程技术对策，运用先进的技术手段及安全设施设备，确保生产安全，这是提高技术系统本质安全的重要手段。

安全管理的主要目的是事故预防。随着社会的进步和安全生产科学技术的发展，安全生产管理的理论、方法和技术也在不断地发展变化。从管理对象的角度来看，通过人类长期的安全生产活动实践及人们通过对事故教训的分析，推进了安全科学与事故理论的研究和发展，使安全管理的理论发生了质的变化，安全生产管理由近代的事故管理，发展到现代的隐患管理。早期，人们把安全管理等同于事故管理，仅仅围绕事故本身作分析处理，20 世纪 60 年代发展起来的安全系统工程强调了系统的危险控制，强化超前和预防管理，揭示了隐患管理的机制。隐患管理方式得到认可并开始推行。从管理理论的角度来看，从建立在事故致因理论基础上的管理，发展到现代的预防为主的科学管理。20 世纪 30 年代美国著名的安全工程师海因里希提出 1∶29∶300 安全事故模型和规律的事故致因理论，为研究近代交通事故、工业事故做出了卓越贡献。从管理技法的角度来看，从传统的行政手段、经济手段，以及常规的监督检查，发展到现代的法治手段、科学手段和文化手段；从基本的标准化、规范化管理，发展与提升到了以人为本的安全理念和科学管理的技巧与方法。

安全管理首先涉及的是常规安全管理，有时也称传统安全管理，如在宏观管理方面有安全生产方针、安全生产管理各种体系、安全行政管理、安全监督检查、安全设备设施管理、事故管理等；在综合管理的方法方面有各级职能人员及全员安全岗位责任制、各级安全检查制、安全责任追究制等。随着现代企业制度的建立和安全科学技术的发展，更需要发展科学、合理、有效的现代安全管理方法和技术，使现代安全管理成为安全管理工程中最活跃、最前沿的研究和发展领域。

现代安全管理的意义和特点在于：要将传统的纵向单因素安全管理变为现代的纵向、横向综合安全管理；将传统的被动、辅助、滞后的安全管理模式变为现代主动、本质、超前的安全管理模式；将传统的事后型事故管理变为现代的预防型分析与隐患管理；将传统的静态安全管理变为现代的动态安全管理；将传统的安全指标管理变为激励型的安全目标管理；将传统的被动的安全管理对象变为现代的安全管理动力。

二、安全管理的地位和作用

城市公交企业是安全生产的高危行业之一，安全管理是公交企业管理的一个重要组成部分。其主要涉及道路运输安全、车辆机械安全和生产现场安全。涉及面宽，流动性大，单人生产环境较多，因此必须按照法律、法规结合本单位具体情况，做好安全生产的计划、组织、指挥、控制、协调等各项管理工作，建立安全管理机制、健全安全生产责任制度，完善安全生产条件，才能确保安全生产。

安全生产管理要始终坚持“安全第一,预防为主”的方针。安全管理是一个全员参与的基础管理,它贯穿于生产的全过程,哪里有生产活动,哪里就应有相应的安全管理。由于安全管理工作涉及对人的管理、对物的管理及资金投入,因此企业的法人代表应是本企业的安全生产工作的第一责任人。生产经营单位的主要负责人应对企业负责,对人民负责,对员工负责,对企业的法人代表负责。不仅要对单位的生产经营活动全面负责,还必须同时对单位的安全生产工作负责,即肩负一岗双责。

安全管理的要点是建立安全管理机制,包括建立安全管理体系、制定安全管理制度、落实对事故隐患的整改和对各类事故及违章行为的查处等主要内容。公交企业的安全管理核心制度主要有企业的安全工作责任制;各职能人员及全体员工的岗位安全责任制;安全生产管理领导问责制及安全事故责任追究制。企业要通过加强安全管理,运用技防及行政、教育手段,纠正人的不安全行为,消除物的不安全状态,达到减少或不发生事故,保证企业生产的正常进行。

随着以人为本观念不断深入人心,安全问题在企业管理中显得越来越重要,我们在强调企业紧抓经济效益为中心的同时也必须强调兼顾社会效益,以及经济的发展和社会的稳定,而生产安全恰恰是经济发展和社会稳定的保证,没有安全生产作前提,是不可能取得良好的经济效益和社会效益的。因此,安全管理在企业管理中应得到高度重视,应具有较高的经济、政治地位,应对企业评先、创优、员工晋级、干部晋升及地方官员升迁等事项应具有否决权。城市公交企业对员工的要求较高,对驾驶员的要求也非常严格,对违章违纪处理较重,所以驾驶员应熟悉规定,服从管理。

(一)安全管理机制

按机制的功能来分,有激励机制、制约机制和保障机制。激励机制是调动管理活动主体积极性的一种机制;制约机制是一种保证管理活动有序化、规范化的一种机制;保障机制是为管理活动提供物质和精神条件的机制。安全管理上,具体体现在设立安全管理机构、制定安全管理制度、开展安全教育、提供安全管理经费、落实对安全隐患的排查整改及对违章违纪行为的查处几个方面。安全工作不能靠运气,必须要建立安全管理机制,要靠机制来保证安全管理工作的有力推进。

城市公交企业具有参与人数多、覆盖面广、作业场所分散的特点,安全管理难度较大,安全管理必须要重视,领导亲自抓,全员参与,全员考核。一定要把安全生产工作纳入重要议事日程,纳入生产经营会议议程,做到开会必讲安全,议事必议安全,总结必说安全。企业领导一定要定期召开安全工作专题会议,要对安全生产重大问题进行调查研究,要切实解决安全生产中的突出问题并制定相应的防范措施。要组织和开展本企业的安全生产活动,要督促、检查本企业各单位安全生产工作措施及责任目标的落实情况,要对基层安全情况特别是生产现场进行监控、检查,企业应根据每一个生产及管理岗位对安全工作的影响面,依据岗位特点,有针对性地制定出相应的安全职责,实行全员安全生产岗位责任制并进行考核。

汽车运输企业必须建立以行政第一负责人为中心的全员安全生产岗位责任制，以便更好地落实安全生产措施，解决安全生产中潜在的问题和消除事故隐患，切实有效地加强安全生产工作的领导。按照《中华人民共和国安全生产法》规定：生产经营单位的主要负责人对本单位的安全生产工作全面负责。这里所指的生产经营单位的主要负责人，对企业而言，有限责任公司和股份制公司的董事长和总经理应是法定的安全生产第一责任人，企业法人代表承担企业安全生产的领导责任。对于非公司制的企业，行政工作的第一把手全面负责本单位的安全生产工作的重任。企业的其他领导及各级、各部门负责人要坚持“管生产必须管安全，谁主管，谁负责”的原则，实行安全生产目标管理和责任追究制度。其中分管安全生产的领导承担对安全生产的布置、监督、检查的直接责任，其他分管领导对其分管工作中的安全生产承担领导、监督、检查责任。安全管理职能部门对企业安全生产负有组织、指导、监督、检查、考核、教育和事故处理的责任；企业的基层领导对管辖范围内的安全生产负有监督、检查、教育和对违章违纪人员的处理责任；现场安全员负有生产现场安全生产的管理、监督、检查、处理的职责；生产操作工人有遵守安全操作规程、规定及维护生产现场安全的义务及责任，有维护自身及他人安全的责任，有维护财产免受损失的责任。全体员工均应严格履行安全生产岗位职责，安全生产不但领导要管，还必须靠全员管，大家管。

(二)安全管理机构

企业应设立安全生产委员会，统一领导本企业安全生产工作。安全生产委员会应由企业法人任主任，分管安全工作的副总经理为常务副主任，企业党委(纪委)书记、工会主席、副总经理、总工程师、团委书记、安全监察科(处)长及生产单位的行政负责人为组成成员，并应定期开展活动，听取工作汇报，研究企业的重大安全问题。日常的安全监督、检查、考核则由职能部门安全监察科(处)负责。

安全监察科(处)是企业安全生产委员会的办事机构，全面负责安全生产委员会的日常工作。其主要工作职责为：负责宣传、贯彻、执行上级有关安全生产的法律、法规、方针、政策，确保各项安全生产法律、法规及规章制度的贯彻执行；全面贯彻“安全第一，预防为主”的安全生产方针，制定企业内部安全生产制度和操作规程，起草安全工作计划和总结；随时了解安全工作情况，及时向企业领导和安全生产委员会报告工作。安全监察科(处)也是企业安全监督管理的职能部门，安全监督是它的主要工作内容，行使安全监理职责。监督工作的重点：

1.各基层单位及各部门安全第一责任人对安全生产法规，企业规章的贯彻执行情况；对生产现场安全监控、检查情况；对全员安全责任制、奖惩制和各项安全制度的执行情况。

2.组织员工开展安全学习、培训教育及安全应急演练情况，配合工会开展安全竞赛活动情况。

3.特殊设备安全管理情况；生产设备、车辆安全设施的技术状况是否符合要求等监控内容。

（三）安全监察科（处）主要权力

为保证安全监察工作顺利实施，必须要给予安全监察部门一定的权力配套。安全监察科（处）主要权力有：

1.对下属部门及人员在生产中的安全状况有权进行监督检查；对生产过程中的不安全行为有权制止；对严重危及安全生产时有权紧急停产。

2.对违章行为有直接处罚权；对事故责任人的处理、处罚有建议权；对安全工作做出贡献的职工奖励有建议权。

3.对驾驶员技术和资格有审定权。

4.对安全措施经费有合理开支权。

5.对安全问题有越级上报权。

（四）职能人员安全生产责任制要点

按照全员参与、全员考核的原则，为明确责任和便于管理，应根据该岗位的特点及工作性质，明确所有岗位的安全生产职责，建立相应岗位的安全生产责任制。现将其各主要岗位安全生产责任制要点介绍如下，供参考。

1.企业法人（公司经理）安全责任制要点

（1）对企业贯彻国家的安全生产方针、政策、法律、法规负责，为企业安全生产工作的第一责任人。

（2）建立企业安全生产工作委员会，定期主持召开安委会及安全生产工作会，听取安全工作汇报，布置安全防范工作及事故隐患整改。

（3）建立安全管理长效机制，建立健全安全管理机构，配齐安全管理人员，安排安全措施及整改经费，开展安全教育活动，建立安全工作群抓共管，全员参与机制。

（4）建立健全企业安全管理各项规章制度，制订安全防范措施及事故处置预案。

（5）坚持安全生产管理"五同时"（即在计划、布量、检查、总结、评比生产的时候，同时计划、布量、检查、总结、评比安全生产），将安全生产贯穿于生产全过程。

（6）创建企业安全生产工作条件，不断改善员工劳动条件。

（7）严肃处理事故责任人及责任领导。

（8）完善安全管理台账、记录。

2.基层单位（分公司）负责人安全责任制要点

（1）执行国家的安全生产方针、政策、法律、法规，按照安全生产"五同时"要求，组织单位生产，对生产过程的安全负责，对防火安全负责，对质量安全负责。

（2）建立健全本部门安全管理机构，落实安全管理专（兼）职人员及管理责任，制定管理规章制度。

（3）定期召开安全工作会议，检查安全工作执行情况，查找不安全因素，制定防范措施。

(4)开展员工安全教育、培训,营造全员参与安全管理氛围。

(5)定期组织安全生产检查,认真整改事故隐患,严惩安全违章、违纪人员。

(6)严格执行国家及企业标准,加强生产现场安全监控,严格车辆质量检验制度,确保车辆运行安全。

(7)严格执行对特殊工种人员的审验及对特殊设备的检测、校验。

(8)制订事故处理预案、落实事故防范措施,参与事故抢险、施救及调查处理。

(9)严肃处理事故责任人及相关责任领导。

(10)健全安全管理台账、记录。

3.班组长安全责任制要点

(1)认真贯彻执行安全生产规章制度和安全操作规程,维护正常的生产秩序,对本班组安全生产负责。

(2)合理组织生产,督促本班组人员遵守安全规定,执行操作规程,协同搞好生产现场安全生产工作。

(3)开展安全教育,指导班组人员提高安全操作技能,增强自我保护意识,对新进班组人员进行岗位安全生产教育。

(4)维护员工安全生产的合法权益,抵制违反安全规定的"瞎指挥"。

(5)随时检查班组安全生产情况,及时制止和纠正违章违纪行为,发现事故隐患积极采取相应的安全保护措施,并向领导报告。

(6)发生事故立即抢救伤员、采取恰当措施,防止事故扩大并及时报告事故情况,保护现场,配合接受事故调查处理。

4.生产工人安全责任制要点

(1)认真执行各项安全规章制度和安全操作规程,对本岗位及相邻工位安全生产负责。

(2)提高安全意识和操作技能,接受安全生产教育培训,熟悉安全生产流程,增强对事故和险情的预防及应急处置能力。

(3)关心企业安全生产动态,开展对岗位工作环境的自查自纠,发现不安全因素及时排除并向领导报告。

(4)正确履行安全生产义务,行使安全生产知情权、批评检控权、拒绝权、紧急撤离权,工伤赔偿权、劳动保护用品领用权、事故责任申诉权等权利和依法享受工伤保险待遇。

(5)发生事故和险情必须及时报告,妥善处理,积极主动参与事故抢险施救工作,保护事故现场,接受事故调查处理。

三、道路交通安全事故分类

(一)道路交通事故等级划分

根据《道路交通事故处理办法》的规定,交通事故根据人身伤亡或者财产损失的程度和数额,分为轻微事故、一般事故、重大事故和特大事故四类:根据1991年公安部《关于修订道路交通事故等级划分标准的通知》的规定,分为以下等级:

1.轻微事故:指一次造成轻伤1至2人,或者财产损失机动车事故不足1 000元,非机动车事故不足200元的事故。

2.一般事故:指一次造成重伤1至2人,或者轻伤3人以上,或者财产损失不足3万元的事故。

3.重大事故:指一次造成死亡1至2人,或者重伤3人以上10人以下,或者财产损失3万元以上不足6万元的事故。

4.特大事故:指一次造成死亡3人以上,或者重伤11人以上,或者死亡1人,同时重伤8人以上,或者死亡2人,同时重伤5人以上,或者财产损失6万元以上的事故。

在上述计算标准中,死亡以事故发生后7日内死亡的为限;重伤和轻伤的标准分别按照《人体重伤鉴定标准》以及《人体轻伤鉴定标准(试行)》执行;财产损失是指道路交通事故造成的车辆、财产直接损失折款,不含现场抢救(险)人身伤亡善后处理费用以及停工、停产、停业造成的间接损失。

(二)道路交通事故责任划分

根据《道路交通事故处理办法》第十八条的规定,交通事故的责任划分为全部责任、主要责任、同等责任和次要责任四种。

一方当事人的违章行为造成交通事故,有违章行为的一方应当负全部责任,其他方不负交通事故责任。两方当事人的违章行为共同造成交通事故的,违章行为在交通事故中作用大的一方负主要责任,另一方负次要责任;违章行为在交通事故中作用基本相当的,两方负同等责任;三方以上当事人的违章行为共同造成交通事故的,根据各自的违章行为在交通事故中的作用大小划分责任。主次责任比例划分一般以公安交通部门划定的为准。常见的为三七开,四六开居多。

除此之外,还有以下几种判定承担全部责任、主要责任、同等责任的特殊情况:

1.全部责任

(1)当事人逃逸,造成现场变动、证据灭失,公安交管部门无法查证道路交通事故事实的,由逃逸的当事人承担全部责任。

(2)当事人故意破坏、伪造现场及毁灭证据的,由其承担事故全部责任。

(3)驾驶机动车发生与本车有关联的交通事故时,当事人不立即停车,不保护现场,致使交通事故责任无法认定的,应当负事故的全部责任。

(4)当事人一方有条件报案而未报案或者未及时报案,使交通事故责任无法认定的,应当负全部责任。

2.主要责任

(1)机动车与非机动车、行人发生交通事故,当事人各方有条件报案而未报案或者未及时报案，致使事故基本事实无法查清的，机动车方应当负主要责任，非机动车、行人一方负次要责任。

(2)机动车与非机动车、行人发生交通事故后未立即停车，未保护现场，致使事故基本事实无法查清的，机动车一方负事故主要责任。

3.同等责任

(1)发生交通事故后各方当事人均未立即停车，未保护现场，致使交通事故责任无法认定的当事人双方承担同等责任。

(2)当事人各方均有条件报案而未报案或者未及时报案，使交通事故责任无法认定的当事人双方承担同等责任。

任务二　典型交通事故案例及启示

道路交通安全是一项涉及人、车、路、环境和管理的系统工程，汽车自问世以来在推动经济发展，促进社会文明进步的同时，道路交通事故的频繁发生也成了一个困扰人们的重要问题。究其事故原因，离不开人、车、路、环境和管理的“五要素”缺陷。其中人是第一要素，首先安全行车需要驾驶员遵章守纪，遵循安全生产的客观规律，牢固树立危机意识，才能辨识各种影响安全的危险源，灵活机动地应对道路交通情况，实现安全行车。

城市客车常见危险源主要集中在人和车这两个要素上，其中常见的人的不安全驾车行为主要表现在安全意识淡薄、不遵守《道路交通安全法》、违章违纪频繁，危害最大的要数超员载客、开车打手机、不系安全带、疲劳驾驶、超速行驶、醉酒驾车等。车的不安全因素常见的为年久失修、不定期保养、缺乏安全检查、车辆带“病”运行等，其中危害最大的为机械事故(制动失灵、方向失灵)及高速路爆胎。这些均为事故预防及安全管理查处的重点。

事故猛如虎，我们应从交通事故的典型案例中感受到交通事故的恐怖，从案例分析及启示中吸取教训。下面将一些典型的常见事故介绍如下：

一、不安全驾车行为的危害案例

(一)超员载客

案例1：

2012年2月18日12时20分许，贵州省道真县驾驶人×××驾驶道真华通运输有限公司贵××××××东风牌中型普通客车搭载35人(核载19人)，由于内胎破裂加之严重超员致惯性增大，驶离公路后翻坠入5.9米高的路坎下，造成车上乘客13人死亡、22人受伤。

案例 2：

2006 年 10 月 1 日，重庆市公路运输集团××出租汽车有限公司一辆由江北大石坝开往沙坪坝的 711 路中型客车（牌号为渝××××××），途经嘉陵江石门大桥大弯道处驶向大桥左侧时，冲上路沿，撞坏大桥护栏后坠落桥下地面，造成 30 人死亡，21 人受伤，其中 11 人重伤。该车额定载客 25 人，实际载客 50 人，属严重超载。

启示：

1.汽车有设计载荷，其各部件的强度是根据设计载荷来确定的，超载必然增加部件失灵的风险，埋下机械事故隐患。

2.汽车的各种性能也与设计载荷相关，比如动力性、制动性。载荷大，其制动器的设计也相应增大，故超载后制动性能会减弱，易出现制动器热衰减现象。

3.具体爆胎原因有可能是轮胎质量太差，也有可能是轮胎受到尖锐物体损伤及本案例的超载等多种原因，故驾驶员为保证安全要自觉不超载，并在驾驶过程中要随时具有应对突发机械故障的思想准备。

（二）开车接打电话

案例 1：

2013 年 2 月 2 日晨，贵州省黎平县双江乡 33 名村民搭乘本乡驾驶人×××驾驶的黔东南州运发汽车运输有限公司贵××××××中型营运客车（核载 19 人），实载 34 人，因驾驶人接听手机、车辆严重超员，制动能力下降且超速运行，翻下公路右侧约 80 米深的山谷，造成车上乘客 12 人死亡，10 人重伤，10 人轻伤 。

案例 2：

25 岁的小刘从事楼盘销售工作，平时将每一个电话都视为一单潜在的业务。2014 年 12 月 21 日，她驾驶小车行驶在视野开阔的大道上时，突然，手机响了，她右手掏出电话来接听，左手掌控方向盘。就在这时车辆越上了人行道，前面两个轮胎爆胎，车辆失去平衡，继续前行的车子又与护栏发生碰撞。导致车头右前部出现严重凹陷，车辆右大灯损坏，右侧油漆大量脱落。

逞强赌气最危险

启示：

1.开车接打电话及做其他与开车无关的事情是非常危险的，首先是分散精力，降低了对道路变化的意识；其次是增加反应时间，甚至由于惊慌失措，酿成事故。

2.汽车运行中经常有人会边开车边伸手到地板上捡东西，此时有可能会在不知不觉中变动方向，特别是大型客货车往往在捡东西时还要弯腰侧身，另一方面由于注意力容易集中在捡东西上，容易忽视道路变化，甚至无意识转动方向发生事故。

3.车上特别是驾驶室尽量不放容易滚动的物体，以防止掉(滚)到刹车踏脚下影响制动。

4.开车时不要与其他人闲谈，更不能转过头与人交谈。

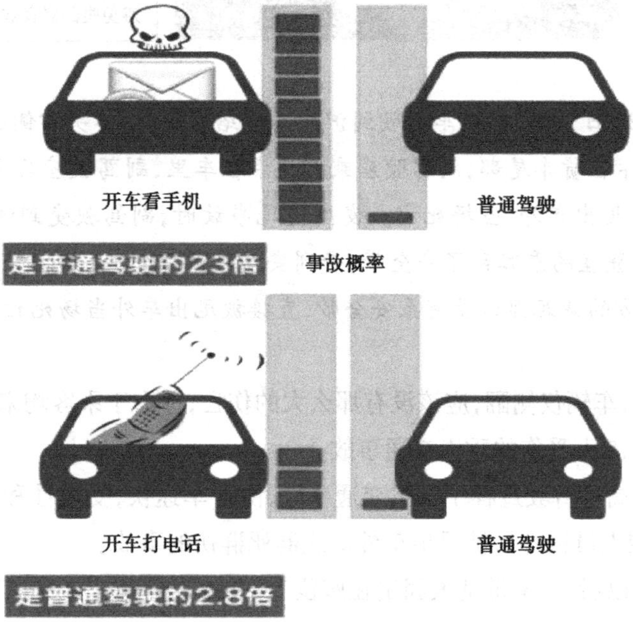

（三）不系安全带

案例 1：

2017 年 2 月 22 日，青海青运集团公司一辆载有 35 人的宇通牌客车从果洛州达日县向西宁方向行驶。17 时 25 分，当车行至国道 214 线 170 千米+550 米处（共和境内）时因超速行驶加之下雪天路面湿滑发生侧翻，造成车内 2 名乘客当场死亡，5 人受伤，车辆损坏。

事故调查过程中，交警部门通过车载监控影像还原了事故发生时的车内情况，交警在调取当日事发前后的车内视频时发现，大巴车上的乘客都没有系安全带，在事故发生时，尽管乘客们拼命尝试抓住椅背或扶手，但在发生碰撞的瞬间，身体还是很快被甩了出去。仅仅侧翻，为啥会造成这么大的伤亡？交警认为在这起事故中，车内乘客未按规定系好安全带是造成车内人员严重伤亡的重要原因之一。

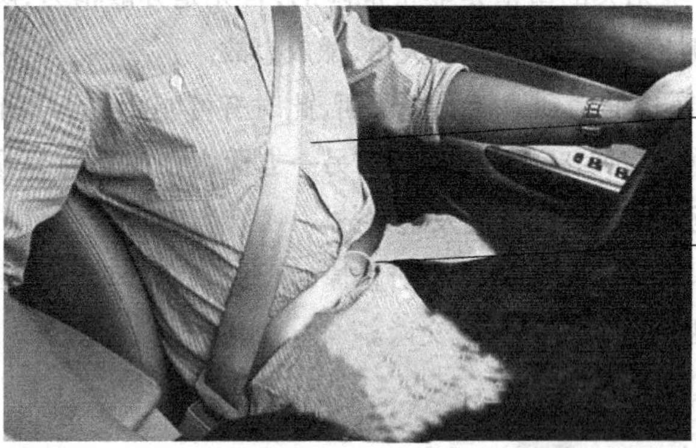

正确佩戴安全带是为了使发生事故时的撞击力作用在我们的骨骼上，抑制人体前倾的同时避免腹部器官被勒紧损伤。

案例 2：

2011 年 8 月 22 日，一辆丰田车行驶到沪昆高速绍兴段时，车头右侧追尾碰撞前方一辆重型货车，丰田车被卡在货车尾部，副驾驶座乘客被卡在车里，副驾驶座后面的一名乘客在巨大的撞击力作用下被甩出车外，当场死亡。发生追尾事故时，副驾驶受到的冲击力和威胁是最大的，但因为副驾驶座的乘客系了安全带，受到安全带的保护，虽然伤势较重，但没有生命危险，而副驾驶座后方的乘客因为没有系安全带，直接被甩出车外当场死亡。

启示：

1.案例 1 事故，车辆仅侧翻，应该没有那么大的伤亡，但由于乘客均未系安全带，造成车内 2 名乘客当场死亡，5 人受伤的重大交通事故。

2.一旦车辆在高速行驶过程中发生交通事故，由于车速快，受惯性和离心力的影响，车内不系安全带的同乘人员很容易被甩出车外造成群死群伤的事故。

3.系上安全带以后，安全带把人固定在座位上，有效避免与车上的其他乘客，或与车上的障碍物及其他部位发生碰撞，同时系上安全带还可以降低人体内脏之间的碰撞力度，有效减少人员伤亡。车辆在高速行驶状态下，系上安全带的重要性更加突出。

4.调查显示,汽车以100千米时速运行时,如遇正面撞击导致瞬间停车,不系安全带的前排乘客极有可能撞到前风挡、仪表板或是弹出的气囊上,甚至“飞”出窗外,容易造成颅骨或脊椎骨折等,后果不堪设想。

5.据统计,发生重大交通事故时,系上安全带可以使死亡率减少57%,侧面撞车时可减少44%,翻车时可减少80%。

6.在业内有一种说法,在发生碰撞事故时,安全带起到的保护作用是90%,加上安全气囊后是95%。可见安全带的安全作用非常重要。

7.为加强车辆被追尾碰撞时对车内人员颈椎的保护,应随时调整座椅头枕的高度使正对后脑中部。

8.系好安全带只需要三秒钟,而不系可能失去一生。

(四)疲劳驾驶

案例1:

2014年8月26日12时16分,宁夏固原市驾驶人××驾驶新疆四平商贸有限公司新×××××宇通牌大客车乘载61人(含11名儿童),因极度疲劳且超速行驶,在前方无障碍物情况下向左猛打方向冲入对方车道,与对向重型仓栅式半挂车相撞,造成15人死亡,35人受伤。经调查,大客车驾驶人马克事发前10天内连续驾车往返宁夏与新疆两地且未充分休息,连跨三省,单趟行程达2 300千米,事发时已极度疲劳。

案例2：

2017年2月13日台湾“蝶恋花旅行社”承办一日赏樱团，包括司机、导游44人于13日晚间从武陵返回台北，行经5号高速公路途中翻覆，滚落边坡，造成高达33人罹难，11轻重伤，台湾检方勘验事故车辆，怀疑因司机疲劳驾驶酿祸。（图片来源：台湾“东森新闻云”）

启示：

1.疲劳驾驶会导致判断能力下降、反应迟钝、操作失误增加，甚至会出现下意识操作或短时间睡眠等情况，严重时会失去对车辆的操控能力，极易引发交通事故。

2.专业运输企业驾驶岗位工作强度大，驾驶员超时限、超负荷、疲劳运营现象易发高发，专业运输企业要树立人命关天的理念，合理安排驾驶员休息。

3.充分利用动态监控手段确保驾驶员连续驾驶时间不超过4小时。

4.乘客应加强自身安全防范意识，如发现驾驶员出现疲劳驾驶症状或连续驾驶时间过长，应及时制止其继续驾驶。

5.驾驶员应对本人的精力负责，驾驶员感到疲倦时应停车休息，并保证上班前要有充足的睡眠。

（五）醉酒驾车

案例1：

2012年5月20日，广西北海市银海区滨海公路龙潭加油站路段发生一起轿车与摩托车相撞事故，造成3人死亡。经调查，认定轿车司机系醉酒驾车。

案例 2：

2015 年 11 月 17 日孝义市崇文街名仁嘉苑路段发生一起越野车与一辆自行车、一辆二轮电动车相撞的交通事故，造成 1 死 1 伤重大交通事故。经司法鉴定，驾驶员的血液酒精检测结果为 161.47 mg/100 mL，已构成醉酒驾车，驾驶员王某现已被刑事拘留。

醉酒驾驶安全隐患分析：

1.视觉障碍。饮酒后可使视力暂时受损，视像不稳，辨色能力下降，因此不能发现和正确领会交通信号、标志和标线。同时，饮酒后视野大大减小，视像模糊，眼睛只盯着前方目标，对处于视野边缘的危险隐患难以发现，易发生事故。

2.判断能力降低。饮酒后，对光、声刺激反应时间延长，本能反射动作的时间也相应延长，感觉器官和运动器官如眼、手、脚之间的配合功能发生障碍，因此，无法正确判断距离、速度。

3.触觉能力降低。饮酒后驾车，由于酒精的麻醉作用，人的手、脚的触觉较平时降低，往往无法正常控制油门、刹车及方向盘。

4.心理变化。在酒精的刺激下，人有时会过高地估计自己，对周围人的劝告（动态变况）常不予理睬，往往干出一些力不从心的事。

5.疲劳。饮酒后易困倦，表现为行驶不规律、空间视觉差等疲劳驾驶的行为。

研究显示，当驾驶者血液中酒精含量达 80 mg/100 mL 时，发生交通事故的概率是血液中不含酒精时的 2.5 倍；达到 100 mg/100 mL 时，发生交通事故的概率是血液中不含酒精时的 4.7 倍。即使在少量饮酒的状态下，交通事故的危险度也可达到未饮酒状态的 2 倍左右。所以，饮酒驾车，特别是醉酒后驾车，对道路交通安全的危害是十分严重的。

启示：

1.酒精对人体各项机能影响很大，饮酒后驾车会造成反应迟缓，无法正确判断车距、速度和交通信号。导致触觉麻木，无法正常控制油门、刹车及方向盘；更为致命的是，在酒精的刺激下，人的自控能力大大降低，遵章守法意识严重松懈，极易出现超速、不系安全带、闯红灯等违法行为。

2.根据《中华人民共和国道路交通安全法》第九十一条规定：饮酒后驾驶机动车的，处暂扣六个月机动车驾驶证，并处一千元以上二千元以下罚款。因饮酒后驾驶机动车被处罚，再次饮酒后驾驶机动车的，处十日以下拘留，并处一千元以上二千元以下罚款，吊销机动车驾驶证。醉酒驾驶机动车的，由公安机关交通管理部门约束至酒醒，吊销机动车驾驶证，依法追究刑事责任；五年内不得重新取得机动车驾驶证。

3.饮酒后驾驶营运机动车的，处十五日拘留，并处五千元罚款，吊销机动车驾驶证，五年内不得重新取得机动车驾驶证。

4.醉酒驾驶营运机动车的，由公安机关交通管理部门约束至酒醒，吊销机动车驾驶证，依法追究刑事责任；十年内不得重新取得机动车驾驶证，重新取得机动车驾驶证后，不得驾驶营运机动车。

5.饮酒后或者醉酒驾驶机动车发生重大交通事故，构成犯罪的，依法追究刑事责任，并由公安机关交通管理部门吊销机动车驾驶证，终生不得重新取得机动车驾驶证。

（六）超速行驶

案例1：

2016年9月24日，在黑龙江省宁安市境内的火山口公路12千米处发生一起大客车侧翻事故。事故共造成5人死亡，5人重伤。经初步认定，事故系驾驶员驾驶车辆过弯道时速度过快操作不当所致。

案例2：

2011年1月11日，河南省平顶山市平运汽车运输有限公司陶金平驾驶豫××××××大型客车，因超速行驶（超速30%）未能及时制动，与前方因交通事故停在左侧道路的豫××××××小型客车相撞后，冲入路侧边沟后仰翻，造成16人死亡、25人受伤。初步核实的情况是，事故发生时，该中巴客车有超载和超速的行为。

启示：

1.发动机在经济车速区间最省油，从经济的角度看没有必要开快车。通过数据可以发现，排量为1.3升手动挡的汽车，经济车速区间在45 km/h至65 km/h。排量为2.0至3.0升自动挡中高级轿车，其经济车速区间在55 km/h至75 km/h。另一方面，汽车的迎风阻力与速度的平方成正比，速度越快迎风阻力越大，越耗油。

2.制动距离与路面摩擦系数相关，摩擦系数 μ 与多种因素有关。一般柏油路、水泥路面晴天摩擦系数值为0.8左右，而雨天泥土路面、冰雪路面可降至0.2以下，在此种路面行驶、制动时一方面车辆易发生侧滑，另一方面制动距离会大大增加。从人看到情况不妙到踩刹车使车减速需要一段时间，到完全停下来则需要很长一段距离，车速过快制动距离会变得更长，故车速过快极易发生事故。

3.超速会降低驾驶员反应能力

据相关部门测试，时速为40千米时，一般驾驶员可看清前方200米以内的物体；时速为100千米时，就只能看清160米以内的物体了；超速行驶，驾驶员视野就会变窄，视力减弱，如果前方有突发情况就很难及时进行处理。

4.超速容易导致事故及加大事故严重程度

超速行驶车辆操作稳定性变差，尤其是遇到弯道，很容易使车发生侧滑或倾斜。据有关测算，在同等条件下，车速越高，其离心力越大，车速太快遇紧急情况时，在离心力的作用下容易侧滑及翻倾。另一方面，在发生事故时，冲击力（动能）与速度的平方成正比，车速越快、撞击力造成的破坏越大。

二、车的不安全因素危害案例

（一）机械事故（制动失灵）

案例1：

2013年5月24日9时23分，北京木樨地桥上自东向西方向发生严重交通事故。大客车刹车失灵追尾,一辆大客车因刹车失灵,与前方等候红灯的小轿车相撞。经警方全力营救,被困司机已被成功救出,无生命危险,已被送往附近医院救治。

案例2:

新华社济南分社3月15日新媒体专电(记者张志龙)记者15日从山东省青州市相关部门获悉,14日9时许,在青州市邵庄镇,一辆客车冲到文登社区西郭庄村路边摆摊群众中,造成23名群众受伤,其中4名入院途中死亡,5名危重伤者经过全力抢救无效死亡,其余14名伤者正在医院接受治疗,无生命危险。

据介绍,经公安交警部门现场勘查、调查取证,认定这起事故属于道路交通事故。经交通司法鉴定部门检验鉴定,车辆制动失效是造成事故的全部原因。该事故正在进一步处理中。

启示：

制动失灵表现为制动系统无法对汽车施加足够的制动力。

(1)应对方法

①遇到这样的情况首先要保持冷静。眼睛盯住前面的路面，继续控制方向盘。注意力集中在车辆前面的路况上，注意前方的车辆、行人以及障碍物。

②排查制动失灵的原因，来回踩踏制动踏板，看是否有异物卡在制动踏板的下面，把双闪警示灯打开，并用喇叭提醒周围的车辆以及行人。

③尽快挂入低速挡(抢挡)，用发动机阻力及驻车制动来减速。

④如果以上方法都不能使车辆减速，就只能利用一切可以利用的障碍使车辆停下来。

(2)制动失(不)灵的判断与排除

①连续踩下制动踏板时，如踏板逐渐升高且有弹性感觉，但稍停一会后再踩踏板时仍然很低。即为制动系统内有空气，这时应对制动系统进行排气。

②一脚制动不灵，但连续踩几次踏板时制动效果很好。一般为制动踏板自由行程过大或制动间隙过大。应调整踏板自由行程，而后检查制动器间隙，必要时进行制动器解体修理。

③踩下制动踏板时反应很硬但制动效果差(刹车光硬不灵)。真空增压或真空助力系统故障，应先检查真空系统。

④制动效果不良。表现为车轮制动器故障，如制动蹄片有油或接触不良、摩擦片老化、磨损、制动鼓磨损不均。应对制动技术状况进行检查，必要时进行调整和修复。

(3)机械事故预防措施

常见的机械事故有制动失效及方向失效所引发的事故，其主要特征为车辆失去正常控制，不能按需要减速、制动或正常转向。预防措施主要有：

①加强车辆保养，进行预防性检修。

②杜绝超载运行。

③加强机械安全检查及日常维护。

④发现故障及时维修，不开带病车。

(二)高速路爆胎

案例1:

2017年5月27日15时13分,河池市消防支队指挥中心接到报警:河池市水任往金城江方向高速路段发生一起交通事故,1人失踪。指挥中心立即调派金城江消防中队官兵前往救援。

据了解,事故车辆为一辆桂A牌照路虎揽胜越野车,在行至该高速路段时突然爆胎失控,撞上道路中间的防护栏。当时车内共有4人,坐在车后排的一名女子在强烈的撞击中被甩出车外,失去踪迹,其余几人在安全气囊的保护下均无大碍。消防官兵到达现场时,现场交警已在道路对面隔离带的草丛里找到了失踪人员,由于隔离带布置了铁丝网,在医护人员为该女子做简易伤口处理期间,消防官兵利用破拆工具组对隔离带铁丝网进行破拆。16时00分,消防官兵成功将被困人员救出交由现场医护人员,此次事故造成1人受伤。

案例2:

2017年9月11日6时许,河北高速交警涿州大队指挥中心接到报警,当事人称在廊涿高速廊坊方向,自己满载柿子的小货车突然爆胎后侧翻,需要救援。接警后,指挥中心立即通知民警赶往现场,同时通知了清障救援部门。

涿州大队立即前往，在廊涿高速廊坊方向30千米+900米，发现一辆载满柿子的小货车侧翻，部分柿子散落路面，造成路面封堵。后经了解得知，司机李某由于长时间未对货车的轮胎进行保养和更换，导致车辆爆胎并引发侧翻。

启示：

1.高速路爆胎危害

高速行驶的汽车一旦爆胎，车辆将迅速失去控制，引发跑偏、侧翻、撞车等交通事故，导致车毁人亡、群死群伤等特大交通事故的发生。据交通管理部门统计，目前我国高速公路交通事故中，70%以上是由爆胎引起的。据国外资料，如果一辆时速超过160千米的小车发生前轮爆胎事故，不论是否系安全带，司乘人员的死亡率接近100%。

2.爆胎的应对办法

(1)爆胎后最好的应对办法就是紧握方向盘，其他什么都不做，待车辆稳定后再缓慢制动并驶离主干道。切记不要紧急制动，以免因制动力不均而使车辆甩尾或翻车。

(2)前轮轮胎爆胎：因为前轮关乎汽车的转向，前轮爆胎对汽车的行驶路线会有很大的影响。因此，前轮爆胎时第一个动作是紧急握住方向盘，故高速路上决不能单手握方向盘开车。

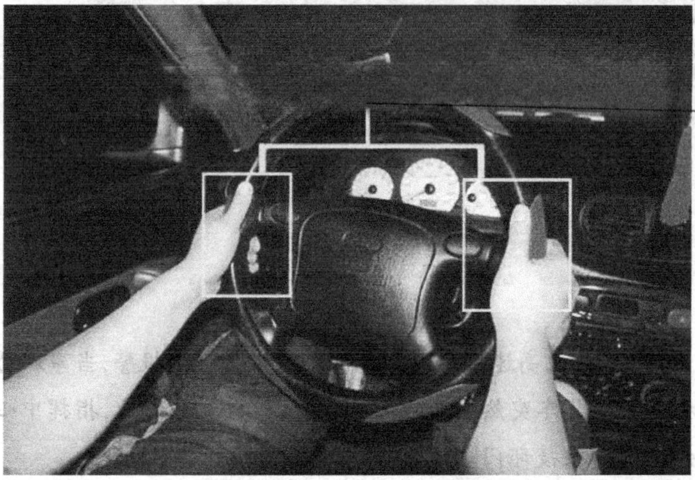

应该双手握住方向盘的9点和3点处

在应对过程中一定不能反复猛打方向盘，不能急踩刹车，应轻刹或点刹；打开双闪警示灯，待车速自然慢下后，停靠应急车道；将警告标志放置于车辆后方150米外，以防止二次事故。

(3)后轮轮胎爆胎：与前轮爆胎相比，后轮爆胎就不是那么危险，只要握好方向盘，慢慢靠边减速即可，不要紧急制动。

3.如何预防高速路汽车爆胎

(1)提高对轮胎安全性的认识，平时要多检查轮胎，特别是上高速前，一定要做好充分细致的检查，除了胎压之外，还要观察轮胎侧面是否有裂口、胎面磨损状况，发现隐患应及时排除。在高速上行车，长时间过度超速会致胎温迅速升高，橡胶迅速老化，容易导致轮胎爆裂，故车速不要超过轮胎的速度使用限制。

(2)安装胎压监测系统,行车时,显示屏上会显示四个轮胎的胎压和胎温,如果胎压或胎温出现异常,仪器会自动报警,从而防止爆胎。

(3)做轮胎防扎处理,汽车轮胎防扎处理是在轮胎内壁上喷涂一种保护膜,当轮胎被尖锐物体刺穿后能够很好地包裹住,减少漏气。

(4)定期校正车轮平衡度,如果车轮不平衡度超标,高速行驶时将会产生高频的摆动,造成轮胎偏磨致局部过度磨损爆胎,且容易被忽视。所以,轮胎修补后应该进行动平衡检测调整。

(5)轮胎一般使用三年或八九万千米就应该更换。

(6)注意轮胎使用温度。切忌采用泼水的方法给轮胎散热,泼水会造成轮胎胎面和胎侧胶层因收缩不均而导致损坏。当轮胎气温升高时,应将车辆停在阴凉处,使轮胎自然冷却。

项目二
安全管理的技巧与细节

教学目标

让学生理解安全管理、事故预防重在提高人的安全教育，包括安全意识、安全职责、防范技能、违规处罚教育。树立生产现场的安全管理重点在对不安全因素的排查、整改，杜绝人的不安全行为，排除物的不安全因素的意识。

安全管理制度是安全工作的行为规范，所表述的“要”和“禁止”给我们较准确地划出了红线，不得逾越。安全管理必须从纠正处理违章违纪行为开始，通过日常的安全教育及生产过程中逐渐规范，培养员工的安全意识和安全习惯，且重在培养安全习惯。通过学习安全管理的技巧与细节等方法，可以更好地实施安全管理。员工通过学习，可了解企业的安全管理制度、方法、手段，更好地服从企业管理，并可为今后从事安全管理工作打下一定基础。

任务一　安全管理的常用方法

一、杜绝人的不安全行为

事故预防重在提高人的安全教育，包括安全意识、安全职责、防范技能、对违规处罚及不安全因素的排查、整改，杜绝人的不安全行为。

安全意识要靠员工自己树立，应进行经常性的安全意识教育。首先员工头脑中要有危险与安全两个基本界线的概念。其次要有区分危险与安全的基本知识能力，判断是否安全要靠知识的积累，所以企业应对员工进行相关内容的安全教育，教育员工牢记自己的安全职责。同时，因人员的流动性和遗忘性，故应对安全方面的常识在一定范围及时间内要重复讲，在生产现场要悬挂相应的安全提示、指示标志、警告标志及禁令标志，并把一些警句制成标语上墙。

要开展经常性的安全生产教育活动和现场安全检查。安全检查根据主体的不同,可分为有关主管部门进行的检查和基层生产单位自行进行的生产现场检查两种形式。要有专人负责对生产现场进行巡察、监督,纠正及制止违章行为,查处违章责任人。其中,尤以分公司(路队)的现场检查及技防手段为主,如利用卫星定位、行车记录仪控制超速、越线行驶等行为。通过检查,发现并及时排除事故隐患,制止、纠正员工的不安全行为,让员工在检查中接受教育,养成注重安全,遵章守纪的习惯和良好作风。

二、排除物的不安全因素

许多事故的发生均是由于物的不安全因素所致,排除物的不安全因素首先要具备对物的不安全因素的识别能力,如车辆机械隐患识别,这就需要我们的管理人员乃至全体员工具有识别不安全因素的素质,即专业知识、警惕性及责任感。

企业要对查出的物的问题和事故隐患立即组织力量予以整改排除,安监部门要督促对物的不安全因素进行整改和对整改的复查,对重大事故隐患要及时上报,主动配合有关部门开展整改工作。企业要利用对事故隐患处置及险情排除过程,教育员工认识事故隐患,做好相应的预防类似险情发生的工作。

三、实行安全生产目标管理

企业应制订安全生产总目标,并将总目标分解到各职能部门和生产单位,做到横向到边,纵向到底,把企业安全总目标由上而下按管理层次分解到生产单位、班组直到每个员工。纵横交错,形成网络,实现多层次安全目标管理体系。

安全目标管理的实施过程可分为四个阶段,即制订安全管理目标,建立安全目标体系,实施安全管理目标,目标的评价与考核。

(一)安全管理目标的制订

安全管理目标是实现企业安全生产的行动指南。目标管理是以各类事故及其资料为依据的一项长远管理方法,是以现代化管理为基础理论的一门综合管理技术,必须围绕企业生产经营目标和上级对安全生产的要求,结合生产经营的特点,作科学的分析,按如下原则制订安全目标:

1.突出重点,分清主次,不能平均分配、面面俱到。安全目标应突出重大事故、负伤频率、施工环境标准合格率等方面的指标。目标要有综合性,同时注意次要目标对重点目标的有效配合。

2.目标具有先进性,即目标的适用性和挑战性。也就是说制订的目标一般略高于实施者的能力和水平,使之经过努力可以完成,应是“跳一跳,够得到”,但不能高不可攀,也不能毫不费力。既要保证企业的生产安全需要及上级下达指标的完成,又要考虑企业各部门、各生产单位及每个职工承担目标的能力，目标的高低要有针对性和实现的可能性，宽严皆误，以利各部门、各生产单位及每个职工都能接受，努力争取去完成。

3.目标的预期结果做到具体化、定量化、数据化。以利于进行同期比较，易于检查、考核和评价。

4.坚持安全目标与保证目标实现措施的统一性。在制订目标时必须有保证目标实现的措施，使措施为目标服务，使目标有实现的可能，以利目标的实现。

（二）安全目标管理体系的建立

安全目标管理涉及企业各个部门、各生产单位，是关系安全生产全局的大问题，为保证安全目标的实现，应建立相应的安全目标管理体系。

1.安全目标管理体系：安全目标管理体系就是安全目标的网络化、细分化，是安全目标管理的核心。它按企业管理层次由总目标、分目标、子目标构成一个自上而下的目标体系。企业所需要达到的安全目标为总目标，各生产单位（职能科室）为完成企业总目标而导出分目标，班组为完成生产单位分目标而提出子目标。

2.安全目标的内容：安全管理水平提高目标，安全教育达到程度目标，伤亡事故控制目标，生产环境及安全检查达标率提高目标，事故隐患整改完成率目标，现代化科学管理方法应用目标，安全标准化班组达标率目标，企业安全性评价目标，经理任职安全目标，各项安全工作及经费目标等。

（三）安全管理目标的实施

为实现企业安全生产总目标，应将总目标分解到各职能部门和生产单位，做到横向到边，把企业安全总目标分解到机关各职能部门。纵向到底，把企业总目标由上而下按管理层次分解到生产单位、班组直到每个员工，纵横交错，形成网络，实现多层次安全目标体系。

企业安全目标管理是一项长期任务，必须始终不渝地进行决策、实施、检查、整改、总结、提高的循环管理。实施目标管理要做到：

1.要把企业的安全目标列为领导任期内的目标，作为企业稳定生产秩序的既定方针；

2.要赋予安全监察部门一定的职权，保证对各职能部门实施安全目标监督检查的权力和作用；

3.要求各职能部门对自身安全工作发挥主观能动作用，并自觉地对安全管理工作进行密切的配合与协调；

4.要明确各级安全责任制，实行安全一票否决原则以保证措施的贯彻落实；

5.要调动员工人人参与管理的积极性，制订和落实每个人的责任目标，一级抓一级，层层负责，共同保证安全目标的实施。

（四）目标的评价与考核要点

1.企业领导对目标管理的认识程度

企业领导对安全目标管理要有深刻的认识，特别要克服认为安全事故防不胜防，不可避免，发生事故只是运气不好等消极思想；要树立信心，主动深入调查研究，结合本单位实际情况，制订企业的总目标，并参加全过程的管理；要负责对目标进行分解、组织实施、落实检查、考核评价；要加强对中层和基层干部的思想教育，提高他们对安全目标管理重要性的认识和管理能力；要加强对员工的宣传教育，普及安全目标管理的基本知识与方法，充分发挥员工在目标管理中的作用。

2.安全目标管理全员参与程度

安全目标管理是以目标责任者为主的自主管理，是通过目标的层层分解、措施的层层落实来实现的。将目标落实到每个人身上，渗透到每个环节，使每个员工在安全管理上都承担一定目标责任。因此，必须充分发动群众，将全体员工科学地组织起来，实行全员、全过程参与，才能保证安全目标的有效实施。实施安全目标管理时要明确员工在目标管理中的职责，没有职责的责任制只是流于形式。同时，要赋予他们在日常管理上的权力。权限的大小，应根据目标责任大小和完成任务的需要来确定。同时还要给予他们应得的利益，责、权、利的有机结合才能调动广大员工的积极性和持久性。全员安全目标的考核、奖励一般以季度、年度为时间单位进行，考核要严格，奖励要兑现。

任务二　安全管理的技巧与细节

安全管理制度是安全工作的行为规范，所表述的“要”和“禁止”给我们较准确地划出了红线，不得逾越。安全管理必须从纠正处理违章违纪行为开始。

再好的规章制度，如果没有人来遵守、执行、守护，就只能是纸老虎，形同虚设。因此，为了维护制度的权威性，建立良好的安全管理秩序及营造良好的安全氛围，就要努力做好以下几方面工作。一是要教育全体员工自觉遵守安全规章制度、保证自己不违章。二是要发动全员来进行管理，劝阻别人违章，并加强对生产环境的检查，消除可随意违章的条件，使人们不能违章。三是一定要让违章、违纪者付出代价，接受教育，吸取教训。安全事故虽然有随机性，而但凡发生事故，大多有它的必然性。安全工作的良好局面要靠踏踏实实地做工作做出来，安全工作不能靠运气，企业安全管理工作重心必须前移。

一、安全管理的技巧

（一）安全管理必须从纠正处理违章违纪行为开始

企业要在日常的安全教育及生产过程中逐渐培养员工的安全意识和安全习惯，且重在培养安全习惯。如驾驶员开车首先要自觉系好安全带,在这个习惯还没有养成前,就需要讲清不系的危害,了解系了的好处;另一方面,如驾驶员仍然没有系好安全带的自觉行动,则设计利用车辆的语音提示再次要求驾驶员系好安全带,但始终有那么一小部分人对道路交通安全法规置若罔闻,我行我素,最后的教育手段将只有被交警扣分及开罚款单来惩戒了。这里体现的是运用纠正处理违章违纪行为,通过一系列的活动甚至反复循环,才能使一个良好的安全职业习惯印入脑海,根深蒂固地建立起来。因此,在安全教育中要做到苦口婆心,安全管理过程中要做到不厌其烦,要通过开展各种安全活动,致力于全方位培养员工的安全意识和安全习惯,潜移默化,让安全行为蔚然成风。

(二)企业安全管理必须防微杜渐

日常安全管理的一项重要工作就是随时纠正人的不安全行为,同时要让安全违章违纪行为付出代价,触及灵魂。只有这样才容易提高认识,增强记忆。纠正的方式很多,有提示性的安全喊话、定期的安全巡察、日常的安全检查、随机的安全执法,这些都是在未发生事故的前提下的安全管理和事故预防,重点在防止不安全行为的发生及纠正已发生的不安全行为,即防患于未然。在现时生活中,为了培养人们的安全意识及安全习惯,有时不得不采取一些强制性措施及手段。最深刻的,当数让安全违章违纪行为付出一定代价最为有效。安全管理不能等到出了事故才来抓,更不能将安全管理变为善后处理。

(三)安全处罚必须先定规则

在纠正已发生的不安全行为的手段上,除了让当事人写检查等教育方式外,常见的有罚款、停止作业、下岗学习等方式。但是凡触及个人利益的处罚,一定要先制定规则,明确界定不安全行为的范畴,同时要标定处罚尺度。真正做到纠正处罚有章可循,有据可依。对其中的违章、违纪者,在处理时,只要做到了有言在先,就可做到口服心服。另一方面,就是一定要完善规章制度,明确禁止不安全行为,制定对不安全行为的处理程序,包括执法处理的依据、责任单位、责任人、权力权限以及对处理不服的申诉程序等内容。要开展相关安全管理制度的宣传、教育,要发动全员共同遵守规则,共同维护安全秩序。

(四)对违章违纪行为惩处一定要及时有力

人的不安全行为往往在瞬间发生又戛然而止,面对这样的场面,一般以说服教育为主,指出危害,提个醒。但对于该行为已严重违章违纪、严重危及自身安全或危及他人生命财产安全者,应立即制止其行为,视其情节停止工作,立即反省,接受教育,并根据认识程度,参照相关处理规定作出迅速处理。处理一定要及时有力,要有权威性,要产生威慑力,安全管理一定要坚决杜绝只抓不处,久拖不决的软、懒、散作风,安全管理一定要出重拳、出狠拳、出铁拳。

(五)安全工作要奖惩分明

安全工作要坚持分级负责,逐级实施的原则,企业应实行安全工作责任目标考核制,安全工作情况应纳入月、季及年终的总结评比及个人绩效考核。

企业应对安全生产成效突出的单位、个人给予表彰奖励，应对安全隐患频频出现、员工违章违纪事件屡见不鲜及小事故不断的单位和安全管理工作责任人给予及时警告，应对发生重特大安全事故和突破安全控制目标的单位和个人追究相关责任，予以处理。安全工作一定要灭歪风、树正气，要做到奖惩分明，安全工作应列入评优、评先、职务晋升的重要条件。

安全管理的一个重点就是要经常性地开展安全检查，用检查来及时发现和排除事故隐患，营造安全生产环境及氛围，用检查来促使各项制度的落实，因此开展安全检查也是安全管理的主要手段。安全检查根据主体的不同，可分为有关主管部门进行的检查和生产经营单位自行检查两种形式。其中，尤以生产经营单位的自查最为常见和普遍。检查的主要形式有日常检查、专项检查、抽查；处理主要是对安全违章、肇事人员的处罚及教育；考核是针对安全目标、管理职责、安全效果进行对照检查、评定成绩及进行奖惩。

二、安全检查工作细节

（一）安全检查要点

1.查思想：检查对安全生产的认识是否到位，责任心强不强；有否忽视安全的思想意识。

2.查管理：检查是否正确处理安全与生产的关系；是否坚持安全和生产“五同时”；对职工是否坚持了安全教育；对生产现场是否进行了全时段、全方位监控；出了问题能否严肃处理及整改措施是否落实。

3.查制度：检查企业制定的安全制度是否做到了全覆盖，各项制度是否执行有力。

4.查员工安全知识：检查从业人员是否具备应有的安全知识和操作技能。

5.查员工有无不安全生产行为：检查从业人员在工作中是否严格遵守安全生产规章制度和操作规程；有无违章指挥、违章作业现象。

6.查设备安全：检查机械设备、车辆、安全设施设备、消防器材等设备的安全状况是否良好，工、器具堆放是否整齐，劳保用品穿戴是否符合规定，消防通道是否畅通。

7.查事故隐患：检查各岗位员工是否按规定操作，是否有不安全生产行为；环境、设备（车辆）是否具备安全生产条件，是否存在安全隐患。

（二）安全检查组织形式

1.公司级安全检查：由公司安全生产领导小组，各职能部门参加，一般每季度进行一次。检查出的安全隐患由安全监理部门负责汇总，分别提交有关部门整改并对整改情况进行跟踪。

2.安监职能部门安全检查：由部门负责人组织相关人员进行安全检查，每月至少一次，发现问题立即安排整改，并把检查情况和整改落实情况报企业分管安全工作的领导。

3.车间（部门、分公司、队）级安全自查：由车间主任（部门领导）负责组织有关人员进行检查，每月至少两次，检查情况报安监职能部门并存档。

4.班组级安全检查:由班组长负责进行,每周一次,检查情况报车间、部门领导。

5.专业性安全检查:由各职能部门领导负责组织有关人员进行检查,检查出的安全隐患报企业安监职能部门,由安监职能部门负责督促整改并负责复查。

6.季节性安全检查:包含节前安全检查(含车辆)及对不同季节针对性的检查(如夏季防雷、雨季防垮塌),由分管的职能部门领导组织检查,检查情况报企业安监职能部门或企业安全生产领导小组(委员会)。

7.临时性安全检查:紧急情况下的抢修、大修项目的开工、长期不用设备的开车、新工艺新设备的投产所进行的临时性的安全检查,以及根据其他安全事故及隐患信息所进行的临时性安全隐患排查,上级部门安排的临时性安全检查。该项检查由主管职能部门、车间、班组分别负责进行。

(三)安全检查的纪律要求

1.安全检查中应当建立《安全生产检查表》《事故隐患通知书》等专用表格,并按项目要求规范填写、签名和归类建档。各基层单位建立的安全生产检查登记本,也要按规定分列项目,翔实记录,并统一保管备查。

2.企业安全检查人员必须由具备强烈的安全工作责任感,熟悉安全生产规章制度,掌握相应安全专业知识,具有丰富的安全生产实践经验的人员担任。上级部门到基层单位进行安全检查的人员须持有安全检查证件或由受检单位领导陪同,检查时应遵守基层单位的管理制度。

3.受检单位必须服从上级安全检查,向检查组提供真实管理资料,保持常规作业状况,如实反映相关信息,不得妨碍和阻挠检查人员履行正常的检查职责,不得在检查中弄虚作假。

4.企业应建立健全各类安全检查报表和资料,按月对安全检查资料进行收集、汇总、分析,写出安全检查通报,并做好检查资料的存档工作。

5.安全检查人员在检查工作中要自觉接受群众监督,严格执行安全规章制度和有关技术标准,严格检查,不徇私情,不允许以检查为名,谋取私利。

6.企业安全生产检查实行责任制管理,凡属应当发现和解决的隐患或问题,而有关人员在检查中没有发现和解决的,应按失职过错处理;由此而引发事故的,应当按照《安全生产责任追究制》进行责任追究。

(四)安全检查的处理

生产经营单位的安全生产管理人员在对本单位的安全生产状况进行检查的过程中,对于存在严重违规违纪行为应当纠正、制止,对违反安全操作规程的行为应予指正,对违纪人员应交安全管理部门或生产管理部门按规定处理。

发现存在设施、设备、物品的安全问题,可以处理的应当立即采取措施进行处理,如属事故隐患,应当立即采取措施加以排除。对于不能当场处理的安全问题,如安全设施不合格,需要改建等情况,应该立即将这一情况报告本单位的主要负责人或者主管安全生产工作的其他负责人。报告应当包括安全问题发现的时间、具体情况以及如何解决建议等内容。生产经营单位的安全生产管理人员还应当将安全检查的情况,包括检查人员、时间、范围、内容、发现的问题及其处理情况等都详细地记录在案,作为本单位的安全生产档案,以备上级单位检查等需要时查阅,如发生事故时亦可作为调查事故原因的原始依据。

三、安全隐患整改

(一)整改规定

1.接到《隐患整改通知书》后,受检单位主要领导对全面落实整改要求负责。并确定整改措施,落实整改要求,按期完成隐患整改任务。

2.对一时整改确有困难的事故隐患,受检单位必须立即采取临时解危措施,防止事故发生并及时向上级报告有关情况,经领导同意后,按照上级要求,周密安排并落实隐患整改任务。

3.隐患整改结束后,发生隐患的单位领导要组织相关人员对整改项目进行初步验收,达到整改验收要求的整改项目,隐患整改单位应当向企业安监职能部门提出验收申请。

(二)整改验收

1.隐患复查验收过程中要审查相关项目的程序资料和技术资料,实地勘察,必要时应当聘请专业技术人员,使用专项检测设备对隐患整改项目进行测定。

2.经检(复)查合格的项目,由检(复)查人员签注“同意验收”意见;对整改不合格的项目,检(复)查人员须注明不合格的具体意见,提出进一步整改的措施和建议,并及时向安全主管领导汇报,对继续整改项目按领导确定的期限和要求进行复查考核。

3.重大隐患项目在整改期内安监职能管理部门应指派人员对整改过程进行监控,对整改工作质量和效果提出建议。确有特殊情况,逾期未整改合格的项目,由隐患单位领导在已经充分解危的前提下写出延期整改申请,经企业主管安全领导批准,可按批准时限执行。

4.受检单位拒不执行安全检查限期整改要求,或经整改后,无正当理由经2次复查仍不符合相关安全技术标准的,应对隐患整改单位的领导启动安全问责制;凡因延误整改而引发事故或后果的,应当启动安全责任追究制。

四、安全台账管理

(一)台账管理

1.各基层单位的安全基础资料台账、记录由分管安全的行政副队(站、厂、分公司)长负责,内勤或专职安全员应配合做好相应安全生产基础资料。

2.各项安全管理资料及时准确,各类报表须按表格要求填写,记录完整,字迹工整,空格项目统一用斜线表示,并按时间顺序进行整理、分类归档。

3.安全生产文件、教育培训资料、各种报表、“五同时”资料保存期限为2年,安全三级教育资料保存至受教育者退休或离开本企业为限。

(二)资料应用管理

1.充分发挥和利用安全信息资讯系统,建立安全生产管理信息共享平台,实现安全生产管理的程序化、规范化、信息化。

2.凡是需要书面或履行签字手续的资料应当制作完整书面纸质资料,其他资料可以是书面纸质资料,也可以用计算机进行保存和管理。

3.建立安全管理资料定期分析制度,各基层单位应当按月、季度、年度为周期,采用横向、纵向及与指标相比较的方法、手段,动态分析本单位安全生产的发展趋势,采取针对性措施,加强管理,防止事故发生。

(三)基层单位安全台账(建议)目录

1.安全目标管理

(1)年度安全生产工作计划

(2)安全生产工作总结

(3)安全生产目标责任书

2.安全管理档案

(1)违规、违纪者教育档案

(2)交通事故档案

(3)肇事驾驶员处理档案

3.安全管理记录本

(1)安全生产会议记录本

(2)安全生产学习、培训记录本

(3)安全生产谈话记录本

(4)车辆运行(GPS、行车记录仪)监控管理记录本

4.安全生产管理表格

(1)新进员工“三级”教育表

(2)事故苗头“四不放过”教育表

(3)安全生产隐患整改记录表

(4)安全生产抽检表

(5)交通事故登记表(电子文档)

(6)消防安全月报表

(7)劳动工伤月报表

(8)事故及费用统计图表

5.安全生产活动资料

(1)各阶段性活动文字资料(含方案、计划、文件)

(2)安全培训、教育影像资料

6.应急预案

(1)突发事件及道路运输重特大事故处理预案

(2)火灾应急处理预案(含培训、演练)

(3)消防器材分布图

任务三 公交企业安全管理基本制度

纠正人的不安全行为必须要用规章制度来规范约束,根据“安全为了生产,生产必须安全”“管生产必须管安全”的原则,按照国家劳动安全法规有关规定,结合城市公交企业生产经营特点,应建立健全的安全生产管理基本制度,其主要内容如下。

一、全员安全生产岗位责任制度

应包括上至总经理,下至全体员工各岗位、工位安全生产岗位责任制;各主要工种、设备的安全操作规程等规定。要点是按岗位定安全责任,有多少岗位就要定多少个岗位的安全责任,要做到岗位全覆盖,主要工种可单独制定,人太少的工种可以定一个综合的安全责任制,如其他工种人员岗位安全责任制等方式制定。

二、安全监理检查制度

应包括监理的范围、对象;责任职能部门;安全检查方式、方法、周期、参加人员、检查内容、检查记录、处理结果和整改复查责任等方面的规定;还应包括驾驶员资格审查、身体条件、技能、职业素质要求等方面的规定及监理,车辆监理。要点是明确责任、规定内容、形成制度。

三、安全学习教育制度

应包括面上的安全学习、教育制度,含应参加人员范围、学习方式方法、间隔时间、主持人、学习记录、考勤、补课、奖励、处罚等方面的规定;学习内容主要为国家安全法规及传达上级安全文件、学习企业安全规章制度、学习安全操作方法、学习事故案例分析教育资料以及消防和事故处理预案及预防演练等相关内容,对未参加学习者要根据情况进行处罚及补课。企业还应对一些安全学习教育的重点对象予以关注,对发生安全事故的直接责任人、严重违反操作规程人员、长期无故不参加安全学习人员要针对性增加学习内容或进行帮教。

四、新进员工三级安全教育制度

企业对新进员工应进行3级安全教育，各级教育内容如下：

1.公司级教育内容：本单位安全生产情况及安全生产基本知识；安全生产规章制度和劳动纪律；从业人员安全生产的权利和义务；有关事故案例教训等。

2.分公司（车队、车间）级教育内容：工作环境及危险因素；所从事工种可能遭受的职业伤害和伤亡事故危险；所从事工种的安全职责；自救互救、急救方法、疏散和现场紧急情况的处理；安全设备设施、个人防护用品的使用和维护；预防事故和职业危害的措施及应注意的安全事项；有关事故案例等。

3.班组级教育内容：岗位安全操作规程；岗位之间衔接配合的安全与职业卫生事项；有关事故案例；其他需要培训的内容。

五、安全隐患整改跟踪制度

对事故及安全检查中发现的安全事故隐患、信息反馈中经过安全监察部门核实确认的安全事故隐患，安全监察部门须采用“事故隐患整改通知书”的形式，通知整改部门，根据隐患的性质，分别作出立即整改、定期整改等要求，并负责跟踪检查。存在隐患的单位应按“隐患整改通知书”的要求进行整改并及时向安全监察部门反馈整改情况和结果，并将整改情况填写在本部门的安全工作台账的隐患整改栏上。如无能力整改或需要延长整改时间，要及时向安全监察部门汇报。此制度的要点是督促整改，及时排除隐患。

六、安全生产奖惩制度

企业可在员工分配中单列一定金额实行安全生产单项考核奖励，同时还应开展每年度一次的安全先进单位和个人评选，给予精神奖励和物质奖励。对发生事故者及不重视安全生产、严重违章违规操作者给予相应处罚，包括对日常安全管理不力、管理秩序混乱、安全隐患频发，虽未发生事故的单位、部门领导的问责，事故责任单位、部门领导的处理。要点在于树正气、灭歪风、重奖、勤罚。安全管理一定要针对各级管理单位及人员的软、懒、散作风出重拳、出铁拳。

七、安全工作一票否决制度

对事故责任者及重特大事故单位负责人，严重的“三违”行为者不能评为企业先进生产（工作）者，不能提升晋级。安全工作一票否决的行为认定一般为：发生责任事故的；严重违反操作规程被处理、处分的（不包括因一般违章违纪行为被扣款的）；长期无故不参加安全学习、培训的；严重违反有关安全管理的法规、法令和企业规章制度等其他行为的。要点是要将安全工作纳入对个人特别是领导者的评价体系。

八、群众监督制度

安全工作应实行全员参与和全员监督。监督以员工为主体，由工会组织，在企业工会中要成立由工会主席任组长，工会小组长参加的安全生产监督检查小组，负责日常的现场安全监督工作，如安全值日喊话、违章制止、纠正教育等工作；参与定期安全检查；事故隐患整改监督或反映等日常的现场安全管理工作。要点在于通过发动员工管安全，达到人人重视安全，人人管安全之目的。

九、安全管理台账制度

安全管理台账是实施安全管理的历史记录，是平时监督检查的重点，同时也是实施安全管理工作的佐证，是万一发生事故后责任倒查及免责的重要依据。因此对安全管理台账必须要设置规范，填写及时，内容完整、真实，字迹清晰，台账管理责任人明确，企业安监部门应经常抽查基层的安全管理台账的真实性，检查是否规范、及时，应把安全管理台账的质量纳入对单位、部门的考核范围。要点在及时、完整、真实，有据可查。

项目三
心理学在安全管理中的应用

教学目标

安全行车心理学就是从心理过程和个性心理特征两个方面根据心理学原理普及心理学知识,提高驾驶员的心理素质,培育健康的驾驶心理,达到增强事故防范效果。

通过学习了解性格与气质对安全行车的影响,了解各种气质类型的驾驶员在驾驶中的特征性表现,进而了解自己的气质类型和性格特征,学习及掌握一些心理学知识和消除心理障碍的方法,则可以扬长避短,克服及改造自己不良的性格。在生活及驾驶作业中修身养性,改变自己的气质,提升自己的安全行车素质。

企业安全管理工作者应该注重和了解驾驶员在行车过程中的心理反应。了解驾驶员的性格,甚至可以在一定程度上预测他的行为,如果某些驾驶员性格不利于安全,则应经常给他敲警钟,劝其退出甚至调离驾驶工作岗位,趋利避害,预防及减少事故的发生。

任务一　心理因素对安全行车的影响

一、心理学在安全管理中的现实意义

道路交通事故究其事故原因,离不开人、车、路、环境和管理的“五要素”缺陷。其中就人的因素而言,地位非常重要,而人的行为往往受心理支配,故应加强驾驶心理研究,运用安全行车的心理学知识,采用标本兼治的安全防范思路是实施交通安全管理的重要任务,对进一步拓展交通安全管理思路,增强事故防范效果具有十分重要的现实意义。城市公交企业的运输安全管理要在加强制度管理的同时,根据心理学原理开展活动,普及心理学知识,提高驾驶员的心理素质,培育健康的驾驶心理,增强事故防范效果。

安全驾驶心理指驾驶员头脑中对安全操作行为客观现象的反映过程，包括感觉、知觉、思维、情感等心理反应。驾驶员的操作行为由心理活动支配，不同的心理现象可产生不同的操作行为和表现，有的驾驶员遵纪守法，有的违法行驶；有的在行车中高度警惕，有的疏忽大意，这些现象无不反映出驾驶员的心理状态对安全行车行为的引导作用。不同的驾驶员在不同思想观念的支配下产生不同的操作行为，而不同的驾驶操作行为对行车安全会形成不同的后果。驾驶员扮演了道路交通安全的重要角色，应当以维护道路交通安全为己任，驾驶员除了掌握道路交通安全法律、法规和车辆驾驶操作及维护技术之外，还必须熟知和掌握心理活动的一般规律，正确感知、思维、决策和处置道路交通的客观情况，准确判断事物变化规律，妥善处置车辆行驶过程中出现的各种问题和矛盾，实现安全行车。

驾驶员必须具有健康的体魄。现代医学认为，健康的含义包括两个方面，身体健康和心理健康。近年来，心理卫生问题已受到广泛的重视。不良的心理状态可以致病或加重已患疾病。譬如，性格暴躁可以引起血压增高，烦恼可能引起失眠等。同时，不良的心理状态还可能导致驾驶员操作失误，引发交通事故，危及人民的生命财产安全，心理健康与交通安全直接相关。安全行车心理学就是从心理过程和个性心理特征两个方面研究驾驶员的心理现象的一门科学。驾驶员应学习一些心理学知识，掌握消除心理障碍的方法，安全管理工作者应该注重和了解驾驶员在行车过程中的心理反应，趋利避害，预防及减少事故的发生。因此从管理层面来讲，安全管理还应该包含研究驾驶员的行车心理，运用心理学原理来加强安全教育和进行安全管理。

二、心理因素对安全行车的影响

（一）情感对驾驶员安全行车的影响

情感是人对外界刺激肯定或否定的一种心理反应。人的喜怒哀乐，爱恨情仇，无一不与情感密切相关，驾驶操作行为具有丰富的情感内涵。心理学中将能够增加或降低人的活动能力的情感称为增力情感或减力情感，在驾驶操作上的表现为情感对安全操作活动能力的正面或负面影响。激发或引导增力情感，克服或消除减力情感，对驾驶员安全操作有着至关重要的作用。

驾驶员的情感对安全驾驶车辆有着广泛而深刻的影响。如果说注意可以使人的认识和反应处于积极的状态，那么，情感则推动和调节着人的认识和行为。车辆行驶中常常可以发现，在超车或窄路交会时，有的驾驶员主动让道，信仰和提倡的是与人方便，与己方便，在方便对方车辆通行的同时，自己也获得安全通行的条件；有的驾驶员则斗气顶牛，互不相让，结果是两败俱伤，双方都受到影响；甚至于还有驾驶员与其他车辆追抢争道，施行报复，造成害人害己的结果。人对事物需要的满足程度，决定着人的情感。比如车辆质量好，驾驶员会感到乐意，反之则可能产生怨气。但是有的事物一方面能够满足人的需要，另一方面又不能完全满足人的需求，就会使人产生复杂的情感。情感对人的认识和行为影响通过情感体验（刺激物对人体产生的感受)和情感反应(受到刺激后人体出现生理现象)实现。从情感体验看,人在欢喜、高兴、愉快时,感到舒适,精神焕发,使人对事物的感受性提高,产生思维灵活、反应迅速、动作流畅的效果。因此“人逢喜事精神爽”,人的情感促进了人的认识和反应,可以促进驾驶员的观察、判断与思考,增加安全行车的把握性。反之驾驶员在悲痛状态下开车,情感也会影响人对事物的认识与反应,使人的感受性降低,出现无精打采、情绪低落、心情压抑、思维呆滞的表现。造成反应迟钝、动作缓慢、思考不周、行为反常,非常容易发生事故。为此驾驶员要善于控制自己的情感,既要做到喜极不狂,乐而自持;又要做到悲而有度,节哀顺变。随时保持良好的情绪状态,不因情感变化影响自己的认识和行为。同时企业从安全管理需要出发,也不宜安排处于大悲大喜状态的驾驶员担任车辆驾驶工作。

(二)激情对驾驶员安全行车的影响

激情是一种强烈爆发而又时间短暂的情感。如有人狂喜时得意忘形,手舞足蹈。有人气愤时横眉瞪眼,咆哮如雷。有人恐惧时目瞪口呆,语无伦次。人处于激情状态时,思维会局限于引起激情的事物上,认识范围变窄,理智分析能力下降,意识控制能力减弱,无论说话或办事都容易违背常理,甚至产生盲目冲动的行为,在以上激情影响下驾驶员容易发生行车事故。

驾驶员必须规避激情对安全行车的负面效应。首先是要学会控制激情。当感情冲动时,要立即调整心态,冷静情绪,淡化冲突,化解矛盾。善于克制冲动情绪,做到“慢三分说话,退一步行为”,尽力控制即将爆发的激情。其次要善于转移注意,对于难以忍受的事物可以暂时避开诱发激情的环境,或者暂时离开发生争执的对象,为自己营造一种平息心绪的空间,反复思考正确的处置对策,充分考虑自己的言行后果。再次要本着对人民利益高度负责的精神,放眼长远,顾全大局。要切实做到有理让无理,大道理管小道理,充分体现以理服人,得理让人,待人有度,处事得体的作风。

(三)应激对驾驶员安全行车的影响

应激是人在出乎意料的紧急情况下所引起的情绪状态。行车中遇车辆突然制动失效、方向失灵、弯道来车占道、车辆侧滑失控、行人突然近距离横穿道路时,驾驶员必然会调动全身潜力,迅速果断地采取应急处置措施,尽力避免发生事故。应激处置中也常有应对失策,措施失误的情况出现,这是因为人在应激状态下生理和心理都会发生一系列变化,往往出现知觉范围缩小、记忆错误、行为混乱、动作失常等情况。由于人的个性特征不同,头脑中储存的知识和经验存在差异,以及接受训练的程度不一样,其应激表现也会各不相同,有的人惊慌失措、行为紊乱,加剧了危险程度;有的人活动受限、呆若木鸡,丧失了最佳处置良机;有的人却沉着冷静、应对有序,做到避重就轻、化险为夷。这些差异都是人在应激状态下生理和心理发生一系列变化的结果。

为了正确引导应激行为对驾驶安全的积极影响,每位驾驶员都要努力培养自身道德修养,锻炼坚忍不拔的毅力,培养顽强进取的精神,认真学习各种事故风险识别和防控知识,积累应激状态下正确处置意外危险的经验。汽车运行中随时可能遭遇突发情况或事故险情，每位驾驶员应当事前考虑可能出现事故风险的防范处置措施，并不断补充完善，加强训练，系统掌握和运用正确的应对方法。要通过综合驾驶技能培训，大胆运用险情处置的操作技巧，总结特殊情况下确保安全行车的理论和方法，一旦出现突发意外情况时，才能切实做到临危不乱，冷静应对，避重就轻，转危为安。

（四）心境对驾驶员安全行车的影响

心境是一种微弱而持久的情感状态。因为人的心境在高兴或不快的情况下都会在情感上留下经久不衰的痕迹，正如当前人们常说的“郁闷得很”，所以心境是“情感的延长”。如心情的舒畅或烦躁，快乐或沉痛等。如驾驶员受到表彰奖励后，连日来可能流露出心情愉悦，言行欢快，神采飞扬的现象；或者驾驶员发生交通事故后，一段时间内可能会出现精神不振、情绪低沉、神态沮丧的现象，这就是两种截然不同心境的真实反映。

心境直接影响人的活动，积极舒畅的心境使人朝气蓬勃，思维灵活，劲头十足，可以提高克服困难的信心和勇气，创造良好的工作业绩。而消极沮丧的心境使人精神不振，思维混乱，懒怠颓废，可以造成人的精力分散，反应迟钝，容易引发差错或事故。因此驾驶员需要正确评价和控制自己的心境，对影响心境的各种因素要敢于面对，做到提得起，放得下。做到取得成绩和胜利时要保持谦虚谨慎，视表扬为鞭策，变短暂为持久，将好事办得更好。面对挫折和打击时要善于正面总结经验，吸取教训，变坏事为好事，从失败中崛起。

要培养驾驶员善于正确认识、评价和控制自己的心境，不要带着情绪上岗。当心境郁闷时可以暂时离开工作环境，到空气流通、视线开阔或气温稍低的地点进行深呼吸或做一些肢体运动，并对所要做的工作权衡利弊，多向思维，以安全运行大局为重，进行思考，确定应对策略。企业要关心职工的身心健康，在工作之余有意识地组织驾驶员参与一些群体活动，如单位的文娱、体育活动，尽可能制造一些能够令人兴奋的场景，将驾驶员的个人情感融入集体进取的氛围之中；同时多观看、阅读一些轻松诙谐的影视作品或者休闲读物，与亲人或朋友交谈，排解忧虑。驾驶员如果因身体健康、体能疲劳等因素导致心境沮丧，一定要加强治疗、适当锻炼、健康作息、劳逸结合，尽快恢复正常的体能状态，促成心境改变。

任务二　性格与气质对安全行车的影响

一、性格与安全运行

（一）人的个性心理特征

人的个性心理特征主要包括性格和气质，性格是心理特征的一个主要方面，性格是一个人对待事物的稳定的态度和与之相应的惯常的行为方式。由于各项心理活动必须在驾驶员的头脑中进行,受性格影响,每个人的心理活动都带有不同的个性特点,如勇敢与懦弱、暴烈与冷静、惊慌与沉着、热情与冷漠、认真与敷衍、细致与马虎等都是不同性格的表现。

如果驾驶员能够严肃认真开车,小心谨慎操作,天长日久必然会养成兢兢业业的稳定态度和持重负责的惯常行为方式,那么就具有责任意识强烈、行为严谨的性格特征。反之,如果一个驾驶员开车时漫不经心,马虎草率,缺乏关爱的意识,行车中给人造成:“起步一鞠躬,转弯不倒翁,速度快如风,刹车孙悟空”的感受。时间长了就会养成疏忽大意的工作态度和粗犷肤浅的行为方式,长此以往就会形成责任意识淡漠,行为盲目的性格特征。

(二)性格的形成与改变

性格是在人与客观事物的相互作用中形成的,影响性格的事物有的是偶然出现的,有的是经常性的,反复发生的。对于经常、稳定出现的事物,人们按照自己的认知水平评价其功过是非和优劣成败,并下意识地保持符合自己习惯的对待方法,逐渐就形成了对事物的认识、态度和行为方式,表现出自己的性格特点。性格与人的立场、观点、理想、信念有着十分密切的联系,经过思想认识和自我修养,人的性格可以发生变化。企业有责任在驾驶员发生事故后,通过对事故现场分析,查找原因,进行教育,使其认真总结经验教训,并帮助制定针对性的防范措施,改变驾驶操作的不良性格习惯,在这方面不少企业都有成功的案例。如有的驾驶员争强好胜,在开快车肇事后,通过事故教育,一改开快车习惯,并做到处处礼让,将事故变成转变驾驶员不良性格的案例。

二、气质与安全运行

气质,俗称脾气,在人的情感、认知过程、语言、行动中表现为比较稳固的心理活动特征。气质是高级神经活动在人的行动上的表现,泛指人的相当稳定的个性特征。如:有的驾驶员面对复杂多变的交通情况沉着镇定,忙而不乱,实施安全措施从容不迫;有的驾驶员一遇险情惊惶失措,手忙脚乱,处置情况顾此失彼。不同气质的驾驶员所表现出的应对道路交通突发情况的思路和措施会截然不同,往往会产生完全不同的后果。气质对驾驶员的行车安全有着一定影响。

(1)气质与性格都是在人的实践中形成的,都是受大脑的活动支配的。二者有着彼此制约、相互渗透的复杂联系。但气质受先天影响较大,变化困难;而性格则是后天形成的,与气质相比,变化较容易些。

(2)气质类型无好坏之分。任何一种气质类型既有积极方面,也有消极方面。从高级神经活动和行为特征上来看,气质类型大致可分为:

①不可遏止型:在气质上表现为胆汁质。不可遏止型的人的长处为精力充沛,刚强,热情直率。短处则为脾气急躁,攻击性强,粗枝大叶,开起车来胆大气粗等。具有不可遏止型气质特别容易兴奋的驾驶员,如果不注意加强修养,讲究礼貌,文明行车等,则在行车中可能出现

开“赌气车”“霸王车”，如强行超车，超车后还可能采取报复行为；夜间会车遇对方灯光变换迟缓时，自己就干脆也开远光大灯等。

②活泼型：在气质上表现为多血质。活泼型的人的长处为思维敏捷，工作能力强，感情丰富。短处为注意力不稳定，兴趣容易转移，显得毛躁。活泼型的人应注意加强修养，应特别提高情绪的自我控制能力，注意培养做事专一的注意力，克服骄傲自满情绪，克服急躁及善攻击的性格弱点。

③安静型：在气质上表现为黏液质。安静型的人的长处为容易养成自制、安静、镇静，不急躁；短处为工作中耐受力差，容易疲劳，遇有情况时容易惊慌失措。安静型的人应通过驾驶训练、主动挑重担，在各种活动中加强气质训练，平时应假设一些险情并思考准备预案，克服容易惊慌失措的毛病。

各种气质类型的驾驶员，在驾驶中有其特征性表现，与行车安全相关。每个驾驶员应该了解自己的气质类型，并在生活及驾驶作业中扬长避短。修身养性可以改变自己的气质，提升自己形象的。为了培养自己良好的气质，驾驶员应当通过工作实践，主动参加相关培训和演练，严于解剖自己，下意识地改变针对履行职责存在的气质和性格问题，随时注意表现一个驾驶员良好的气质和形象，习惯成自然，培育塑造出一个新的符合安全运行的气质和性格特征。

三、影响运行安全的性格特征

（一）影响运行安全的性格特征

日本学者宇留野对有关事故驾驶员的研究认为，无论如何能干的驾驶员，如果性格不好，就会常常发生事故。尤其是具有以下性格特征的驾驶员发生事故的概率相对较大。

1.不随和（爱批评，固执），群众关系不好。

2.情绪不稳定，易冲动（遇到某些需要得不到满足时就发生情感冲动）。

3.过度紧张（抑郁，惶恐不安）。

日本学者长山等人对发生事故驾驶员的态度进行观察，发现不重视生命，轻视社会规范，以及习惯以自我意识为中心的驾驶员发生事故的频率也较高。

两位学者的研究表明：漠视安全法律法规，缺乏社会公德，自我意识强烈，行为控制能力薄弱，群体关系紧张的驾驶员容易发生事故。

某公交企业安监部门曾对三年内发生过交通事故的驾驶员与未发生交通事故的驾驶员进行分析比较，结果表明，在性格和气质上表现为急躁冲动，思维草率、任性、不拘小节、工作马虎、粗心大意的驾驶员发生事故的概率较高；而优秀驾驶员则普遍具有情绪稳定、爱岗敬业、遵纪守法、重视安全、谦虚好学的性格特征。

（二）个性特征与交通安全

许多国家做了关于“个性心理特征与交通安全的关系”的大量调查与研究工作。其研究结果表明:人的品质及工作态度对交通安全起着非常重要的作用。

例如,美国对连续 20 年获得国家运输安全委员会安全驾驶奖的六名卡车驾驶员进行详细分析后发现,这些驾驶员的智商及生理能力与其他员工并没有什么不同。他们的特点是,热爱自己所从事的工作,真诚地对待工作。在家庭里也是细心的丈夫,不论在道路上行车或家庭生活上,他们都是非攻击型的,甚至在上电梯时,也总是礼让别人。

我国在总结了许多优秀驾驶员的事迹后发现,这些驾驶员都具有热爱工作,关心群众,有高度的责任感和安全意识,有法律观念,遵章守纪,情绪稳定,忍耐性强,虚心好学,对驾驶技术精益求精,爱护车辆等优秀品质。而容易肇事的驾驶员,大多表现为:工作不负责任,骄傲自满,观察事物粗枝大叶,思考问题轻浮草率,个人利益斤斤计较,缺乏忍让精神等。我们在行车过程中随时都可能出现突发及意外情况,关键是正确认识与应对。因此我们平时要有安全驾驶的信心,要自觉运用心理学知识,控制和调节自己的心理和行为,要善于集中注意,控制激情,培养处变不惊的性格,尽力减小突发情况或客观环境对心理的干扰,才能最大限度规避事故风险。

各国专家对优秀驾驶员或是出事故的驾驶员进行研究后得出近似一致的结论,即"驾驶像人们生活一样""驾驶如其人"。驾驶员了解自己的性格特征,则可以扬长避短,克服及改造自己不良的性格。企业了解驾驶员的性格,可以在一定程度上预测其行为,如果某些驾驶员的性格不利于安全,则应经常敲警钟,甚至调离驾驶岗位。因此,安全及运管部门的领导及管理人员做到了解每一个驾驶员的性格特征,是安全管理工作中不可忽视的一项重要任务,了解驾驶员性格有益于交通安全管理。

项目四
预防疲劳驾驶

教学目标

疲劳驾驶一般有前兆，驾驶员有预感，是可以预防的。学习了解疲劳驾驶的原因及对疲劳驾驶的预防，如遵循正常的作息规律、合理分配驾驶精力，及时调整心态，克服紧张情绪，消除心理疲劳等措施，可大大减少事故发生。企业和驾驶员本人应及时预防生理疲劳和疏导心理疲劳，安全管理中也必须高度重视和防范驾驶员疲劳驾车。

任务一　认识疲劳驾驶

“疲劳驾驶”是指驾驶员长时间连续开车，由于体力、脑力透支所产生的心理和生理机能失调，造成思维反应能力减弱，操作技能下降的现象。若驾驶员在生产或者生活中有超出体能承受范围的活动，身体都会出现疲劳现象，在驾驶过程中出现疲劳现象的驾驶称为疲劳驾驶。疲劳驾驶对安全行车具有极为重要的影响，安全管理中必须重点防范驾驶员疲劳驾驶车辆。

一、疲劳驾驶对安全行车的影响

汽车运输企业的车辆行驶速度较快，运行时间较长，劳动强度较大，而且操作姿势单调，驾驶体位相对固定，操纵和控制车辆需要投入很大的体力和脑力劳动。另一方面，长期面对复杂多变的道路交通环境容易产生心理紧张等特点，开车过程中只要驾驶员的心理和生理机能超出了身体的承受范围就必然会产生疲劳感觉。产生疲劳感觉后会影响驾驶员的知觉、观察注意、思维判断、意志决定和运动等功能，严重的还会使驾驶员出现心神不安、视觉减弱，动作紊乱甚至瞬间记忆丧失等现象。疲劳驾驶时由于驾驶员感、知觉的敏锐度下降，思考力和判断力减弱，对刺激物（指足以引起驾驶员操作行为变化的客观事物）的反应时间延长，导致驾驶员的安全操作的可靠度降低，容易造成交通事故。

疲劳驾驶一般有前兆，有预感，可以预防。有的驾驶员上岗操作之前，因从事其他劳动已经疲劳不堪；有的因失眠等多种原因没有得到适当的休息，精神状态欠佳；有的因病或因病吃药致精神疲倦，此种情况下继续驾驶车辆又迫使身体疲劳程度进一步加剧，行车伴随着危险，故应进行预防。

疲劳驾驶是造成道路交通事故的重要原因，据法国警察总署统计，本地发生的交通事故中，人身伤害事故的14.9% 和死亡事故的20.6%的事故都是由疲劳驾驶因素造成。我国事故处理机关按照法定职责规定，只对行为人的交通违法过失在构成交通事故中的作用进行责任认定和处理，缺乏对导致行为人过失的原因进行深层次的探讨与追究。尽管很多道路交通事故发生的原因都是由驾驶员的违法行为引起，但是对产生违法行为与包括疲劳驾驶在内的本质原因的联系却没有系统研究。事故发生后，企业的安全管理部门对肇事驾驶员是否存在疲劳驾驶现象的证据难以确认，事故责任认定又没有对疲劳驾驶给出结论及予以追究，所以疲劳驾驶这一导致事故发生的本质原因在多数情况下没有引起企业及广大驾驶员足够的重视，导致同类事故依然时有发生，但企业的安全监管部门则不能熟视无睹，应采取多种预防措施，从苗头上予以控制。

二、应正确认知疲劳驾驶

疲劳根据病理发生状况不同，可分为急性疲劳和慢性疲劳两类。

（一）急性疲劳

驾驶员长时间连续驾驶车辆，或者因其他原因而处于疲劳状态上岗，驾驶车辆所导致的暂时性疲劳称为急性疲劳。由于急性疲劳的产生原因明晰，驾驶员的主观感受明显，比较容易引起驾驶员的注意，相对容易防范。急性疲劳的主要表现为：感觉机能弱化，听觉和视觉的敏锐度下降，眼睛运动的正常状态失常（注视延长、眼睑跳动或游移），容易形成错觉；同时在开车操作中动作不协调，缺乏准确性、及时性和预见性，容易出现心情烦躁、观察不周、思维迟缓、力不从心的感觉。

部分驾驶员在感觉身体疲劳后，由于对疲劳驾驶的危害性认识不足，没有重视疲劳操作对安全行车的重要影响，认为自己身体好，操作熟，能够挺得住疲劳困扰，因而采取“再坚持一下”“等一会就会好”等错误观念和行为，其实很多事故就是发生在驾驶员的“坚持”“忍耐”的过程之中，必须高度警惕。

出现急性疲劳只需要通过短时间的休息或睡眠，即可消除疲劳现象，重新恢复精力。由于驾驶员对身体疲劳状况的感知最直接，所以驾驶员感知到身体疲劳后应当采取积极的休息措施，企业相关管理人员如发现驾驶员出现疲劳状态，也应当安排其下车休息，防止继续开车造成事故。

(二)慢性疲劳

慢性疲劳是驾驶员连日承担超过身体耐受能力的体力、脑力劳动,或者违反正常作息规律,占用睡眠、休息时间从事其他活动(如打牌、下棋、饮酒等),而导致疲劳积累的结果。慢性疲劳会引起驾驶员头昏、头痛、失眠、健忘、神情怠倦、四肢无力等现象。消除慢性疲劳比较困难,必须经过充足的休息和调理才能消除疲劳状态,至于严重的慢性疲劳患者则需要进行一段时间的治疗、休养后,其疲劳症状方可缓解。

对于疾病或药物所致疲劳,驾驶员应引起重视,如无缘无故地经常出现疲劳感觉,应考虑是否因某种疾病所致,需去医院进行检查,如因病吃了易于疲倦的药物所致,应考虑换药,更换吃药时间或病休,不要勉强开车。

由于慢性疲劳是经过一段时间劳累,或者因疲劳积累所形成的症状,在见惯不惊和习以为常心理的支配下,驾驶员对身体出现的慢性疲劳状态感知不太明显,容易造成并不疲劳的错觉。一些驾驶员在疲劳状态下仍然继续开车,所以慢性疲劳对安全行车的危害十分突出。如某公交公司驾驶员何某在休息日的前一天晚上与久别重逢的老战友通宵饮酒,次日白天准备利用休息日睡觉时,因作息规律改变而难以入眠但又有倦意,故饮茶解乏。过量饮茶对大脑产生的兴奋作用又妨碍了何某第二天夜间的正常睡眠,第三天清晨何某驾驶客车时已十分疲倦,边开车边打瞌睡,行驶中因方向失控,车辆驶出道路撞上路边人行道上的钢质护栏,造成随车乘务员车内摔跌死亡的道路交通事故。该事故表明:连续 2 个晚上和一个白天没有得到足够休息的何某出车时就已经十分疲劳,随着继续开车出现的疲劳积累与扩散,疲劳感觉急剧发生,何某进入了开车打瞌睡的半睡眠状态,直接导致了事故发生。

任务二　疲劳驾驶的原因及预防

一、疲劳驾驶的原因

(一)超时驾驶车辆

一些企业为降低经营成本,增加经营效益或因驾驶员缺乏,采取延长工作时间,鼓励加班加点等措施是造成疲劳驾驶的重要原因。个别驾驶员为了追求经济收益,利用休息时间主动顶班开车;或者违反正常作息规律,忽视劳逸结合,加班加点作业,也是导致疲劳驾驶的另一方面原因。但是驾驶员长时间连续开车会导致身心疲惫、人体机能降低这一客观事实却没有引起劳资双方的高度重视。据资料介绍,每天连续驾驶车辆 9~12 小时,眼睛会感到疲劳,眼睑和肌肉颤动,身体疲惫难支,腰部及下肢血流不畅,容易产生酸胀或疼痛感觉等疲劳现象。

2001 年公安部等三部委发布的《关于加强客运交通安全管理的通告》,明确规定:“单程在400公里以上(高速公路600公里以上)的客运汽车,必须配备两名以上驾驶员,从事公路客运的驾驶员一次连续驾驶车辆不得超过3小时,24小时内实际驾驶时间不得超过8小时”。运输企业驾驶员的工作性质、劳动条件、安全责任风险和产生疲劳驾驶的环境条件与公路客运基本相似,所以以上规定也完全适用运输企业所有专业驾驶员的驾驶工作时间管理。

公安部123号令有明确的规定:对连续驾驶中型以上载客汽车、危险物品运输车辆超过4小时未停车休息或者停车休息时间少于20分钟的驾驶人记12分;对连续驾驶中型以上载客汽车、危险物品运输车辆以外的机动车超过4小时未停车休息或者停车休息时间少于20分钟的驾驶人记6分。严格执行驾驶时间规定,既是依法治理疲劳驾驶的法律规范,又是维护驾驶员身体健康,保障行车安全的客观需要。

(二)睡眠不足

充足的睡眠是保障身体健康,消除疲劳的重要措施。一般情况下成年人一昼夜应当睡眠7~8小时。如果睡眠不足,人的作息规律就会遭到破坏,导致生理机能下降,直接影响安全运行。驾驶员在睡眠不足或睡眠质量低劣的条件下,承担或超过正常劳动强度的工作量,必然造成疲劳驾驶。据有关资料统计,约有60%的肇事驾驶员在其事故发生前的一昼夜中,睡眠时间只有3~5小时,睡眠不足对安全行车的危害绝对不容低估。如某公交公司驾驶员龙某,事故前一天与其他员工打牌通宵未眠。第二天上班时困倦难当,出现边开车边打瞌睡的现象。当行经一段山区公路时,龙某没有意识到行驶方向已经偏离道路可行路面,发生车辆驶下路基,侧翻于路下的旱土之中的道路交通事故。

(三)情感冲突

人的喜怒哀乐,爱恨情仇,都是情感变化的产物。在生产、生活活动中驾驶员需要面对和处理社会、家庭、单位和人与人之间的各种关系,其范围涉及领导、亲属、同事和乘客等,面对社会生产和生活过程中的诸多矛盾,一旦处理不当就会出现矛盾激化,由此而产生的过度思虑,必然会给驾驶员造成一定的思想负担。以上情况将直接影响驾驶员的睡眠、休息和工作,容易造成疲劳驾驶,危及驾驶安全。所以驾驶员应运用心理学原理,处理好情感冲突,企业及工会组织也应关心驾驶员,协助处理好情感冲突。

(四)个体差异

不同年龄、体能和性别的员工对疲劳感知存在着明显的差异,通常情况下青年人既容易产生疲劳,也容易消除疲劳;老年人体能减弱,感觉迟缓,疲劳自觉症状较少,消除疲劳能力也相对较弱;另外,女性比男性产生疲劳快,尤其是处于经期、孕期、产期及哺乳期的妇女更加容易疲劳。通常情况下身体健康的员工对疲劳的耐受性较强,也容易消除疲劳,体弱多病的员工容易产生疲劳,而且不易恢复。操作熟练,经验丰富的驾驶员不易产生疲劳,而技术生疏、精神紧张的驾驶员容易产生疲劳。因此,企业在条件允许的情况下,应当给予易发疲劳员工必要的关心和爱护。

（五）环境和条件影响

环境主要包括驾驶员的工作环境和交通环境；条件主要指线路运行条件。环境和条件不良都会对疲劳驾驶产生一定的影响。

1.工作环境

驾驶员的工作环境：如车况、温度、湿度、噪声、振动、照明、粉尘、异味及装运的有毒有害物质等都会对驾驶员的大脑皮质层产生刺激作用，如果不良刺激超过了一定限度，不仅容易导致疲劳驾驶，而且还会对人体健康造成危害。此外车厢内外的脏、乱、差现象构成了令人厌恶的工作环境氛围，会给驾驶员的情感和心态造成不利影响，也容易导致疲劳驾驶。

2.交通环境

交通环境出现道路拥挤，人车混流，秩序混乱；或者道路颠簸，障碍密布；或者发生意外情况等，不但会导致驾驶员精神紧张，而且还需要驾驶员付出更多的精力和体能。车辆行经交通环境不良路段，增加了驾驶员观察、判断、处置交通情况的频率，驾驶员容易产生疲劳。一般情况下，山地驾驶比平路驾驶易疲劳；繁华区域驾驶比常规道路驾驶易疲劳；交通秩序混乱区域驾驶比正常秩序路段驾驶易疲劳；雨天驾驶比晴天驾驶易疲劳；夜间驾驶比白天驾驶易疲劳；高速驾驶车辆比正常速度驾驶车辆易疲劳；重载驾驶比空车驾驶易疲劳；长途驾驶比短途驾驶易疲劳。道路运行情况、车辆技术状况、客运服务秩序，以及运行时间、生产任务等因素都直接关系到驾驶员的心理感受和体能消耗。驾驶员在运行条件相对困难的线路开车，必然会付出较大的劳动强度；在生产任务过高时，为争抢任务，使驾驶员产生较大的心理压力，也容易造成疲劳驾驶。

3.无效操作频繁

个别驾驶员操作技术不熟练，起步熄火，换挡不当，转向失准，避让错误，造成重复使用和调整车辆操纵机件，体能消耗增加；驾驶“带病车”行驶不但容易发生事故，而且还会使驾驶员付出更多的劳动。以上操作也容易形成疲劳驾驶。

二、疲劳驾驶的预防

疲劳驾驶可分为三个阶段，不同的疲劳驾驶阶段应当分别对待。

（一）疲劳驾驶的过程

1.初始阶段

疲劳驾驶比较集中地表现为神经系统和感觉器官疲劳，往往由于身体部分功能的过量使用而形成，首先产生疲劳的只是从事劳动的那一组肌肉，如果没有及时休息，疲劳就会蔓延至其他肌肉组，乃至全身，出现全身性疲劳的自觉症状。一般情况下疲劳驾驶刚开始是腿脚和肩部感到不适，接着腰部感到难受。由于驾驶员开车时需要保持固定的驾驶姿态不变，容易造成体内血液循环不畅，腰腿酸软，肢体疲劳。当疲劳程度超过身体承受能力的极限范围时，人就出现了疲劳的初始阶段。此时驾驶员表现出精神萎靡、反应迟缓、心情烦躁、注意力涣散、行动懒散等现象。这一阶段驾驶员在操作中表现出对车辆的控制力和注意力下降,手脚配合不协调,时有操作失误或违章表现。一旦面临比较复杂的交通情况或者突发险情,很难及时、准确地采取正确的应对措施,存在发生事故的潜在危险。如果没有及时休息,疲劳就会蔓延至其他肌肉组,乃至于全身,出现全身性疲劳的自觉症状。继续发展,则会使驾驶员的注意力涣散,心理机能降低,很快就会转变为全身疲劳。

2.继发阶段

处于疲劳初始阶段的驾驶员继续开车,疲劳程度就会向疲劳继发阶段发展。这一阶段驾驶员会出现头昏眼花、腰酸背痛、知觉错误、疲惫思睡等现象。尽管有的驾驶员此时仍然能够凭借着强壮的身体和丰富的操作经验勉强维持车辆行驶,但是驾驶员的观察和应变能力会极度衰退,安全警惕性丧失,往往表现出观察模糊、反应呆滞、判断失准、操纵失控、出现修正动作延误和滞后等现象,非常容易发生险情或事故。如某公交公司驾驶员王某连日来因恋爱纠纷影响了正常休息与睡眠,当其驾驶车辆行经一处十字路口时,遇红灯信号。王某在减速停车过程中误将油门当刹车使用,导致客车加速行驶,先后撞击道路前方等候信号的三辆停驶的小型车和怀抱幼女正在通过人行横道线的俩母女,造成行人一死一伤和三车损坏的交通事故。

3.半睡眠阶段

处于半睡眠阶段疲劳驾驶是十分危险的,在处于疲劳驾驶继发阶段的驾驶员继续开车,疲劳程度很快就会进入半睡眠阶段。这一阶段驾驶员头脑混沌,意识消失,神态怠倦,睡意强烈,已经不具备安全操纵车辆能力,出现开车打瞌睡的半睡半醒状况。驾驶员开车打瞌睡的特征是时睡时醒,似睡非睡,神情迷糊,感知错乱。尽管睁大双眼,但并无视觉意识,头脑中一片空白,对于迫在眉睫的危险熟视无睹;或者当险象出现之后才猛然惊觉,而从半睡半醒状况中突然醒来的驾驶员往往出现思维反应混乱,行为惊慌失措,动作缺乏指向,应对措施迟误的情形,往往导致事故发生。如某公交公司驾驶员何某由于前一天晚上担任维修厂夜班检验员工作,下班较晚没有充分睡眠和休息,第二天上午帮人驾车拉货,下午又驾车投入线路客运,当车辆行至一处右转弯道路时,何某在极端疲劳的情况下边开车边打瞌睡,迷糊中何某没有感知到道路形态变化,致使客车从转弯地点直接驶出道路,侧翻于约 10 米高的坡道下,骑压在一幢老式民房房顶之上。翻车后车辆发生倾斜,油箱内溢出的汽油顺着压塌的房顶流入室内,被室内的炉灶余火引燃,造成 5 名乘客死亡,多人烧伤,客车损毁的道路交通事故。

(二)疲劳驾驶的预防

1.遵循正常的作息规律

驾驶员每天工作时间不得超过 8 小时,一次连续开车 3 小时左右应当休息 15 至 20 分钟。同时驾驶员还应当养成良好的生活作息习惯,坚持每天睡眠 7~8 小时,并且在 22 时前入睡,以保证足够的睡眠质量和时间。

运输企业要关心驾驶员8小时以外的生活，要动员家属及同事来关心驾驶员的休息，要从对人民负责、对企业负责和对驾驶员本人负责的高度提醒驾驶员早点休息，制止驾驶员参加通宵达旦的饮酒、打牌等活动。同时要加强线路运行管理和驾驶员管理，发现驾驶员极度疲劳时要制止其驾驶车辆。运输企业要合理调配运力，科学制订班次作业计划，依法控制加班、加点时间。驾驶员也一定要把握自身的体能状况，养成良好的作息习惯，保证睡眠和休息时间，注意劳逸结合，防止疲劳驾驶。

2.合理分配驾驶精力

驾驶员需要坚持中速行驶，规范操作，妥善运用安全驾驶操作技术措施，掌握工作节奏，合理分配体能，利用运输间隔时间适时消除疲劳，做到调节有度，张弛有节。不冒险驾驶、盲目操作，尽量减少和杜绝无效操作，始终保持旺盛的精力和充沛的体能来安全地完成运输生产任务。

3.改善驾驶工作环境

安全舒适的驾驶姿态可以减少体能消耗。驾驶员应当根据人—机匹配原理，按照体型和安全操作的需要调整好驾驶座椅的高度和前后位置。应随时保持车辆清洁卫生，维护驾驶室和车窗玻璃整洁清爽，及时清除车厢内外的垃圾和污垢，有序放置行包杂物，营造轻松愉悦的工作环境，降低疲劳程度。空调的温度适中，未安装或使用空调的车辆在行车中应当调整边窗开度，保持空气流通，以缓解疲劳驾驶。

4.积极消除疲劳驾驶

(1)疏导心理疲劳。

专业运输企业驾驶员安全责任重大，一旦发生事故产生的后果特别严重，往往形成部分驾驶员沉重的心理负担。生产实践中，道路或交通情况不良可以使驾驶员产生厌烦情绪，造成心情沉闷，影响安全操作；夜间或雨雾季节行车视线不清、道路湿滑、危险因素突出，加剧了部分驾驶员，尤其是新驾驶员的心理负担。有的驾驶员看见道路上发生交通事故的场景，或者自己刚发生险情或事故后，容易产生畏惧、紧张情绪。以上情况需要及时调整心态，克服紧张情绪，消除心理疲劳，防止发生事故。企业和驾驶员本人应及时疏导心理疲劳。

(2)积极缓解机体疲劳程度。

通常情况下，产生急性疲劳后经过休息即可消除疲劳，而且不会对身体留下任何损伤痕迹。缓解和消除疲劳的过程不但可以帮助驾驶员的身体恢复到正常水平，而且还能够使肌体的抗疲劳能力得到提高，起到锻炼体能、提高疲劳耐受力，适应驾驶工作需要的作用。

采取积极休息、适当活动的措施，可以尽快帮助驾驶员恢复体能。公交驾驶员要善于利用停站时间、班次间隔(长途车可利用在中途进行车辆例行保养检查)时间，活动身体或适当休息。驾驶车辆时在保持规范坐姿的同时，可以采用由近及远地调整视野、适当移动腿脚、活动腰肢和头颈的措施，避免长时间使用一成不变的姿势开车。车辆停驶后驾驶员还可对头部、面部、腰腿、手臂等相关部位的相关人体穴位（合谷、太阳、曲池、足三里等）进行自我按摩，采用进行深度呼吸、舒张双臂、曲膝下蹲、扭动腰肢、活动颈部、漫步小憩或者听轻音乐等辅助措施消除疲劳，缓解疲劳自觉症状。同时也可以利用喝茶及服用提神醒脑饮品的方法消除疲劳，恢复体能。

项目五
交通事故现场处理

教学目标

了解车辆发生事故后，及时报案、保护现场、抢救伤员和财产，保留相关证据的要求；学习报案、保护现场、抢救伤员和财产，保留相关证据以及向保险公司报案的要点及方法，事故保险理赔处理程序；了解事故快速处理的条件，快速处理的基本流程。培养学生当车辆发生事故后的现场处理能力。

任务一 事故报警与急救

一、报警及保险报案

根据《道路交通安全法》的规定，车辆驾驶人在发生交通事故后迅速报告值勤交通警察或者公安机关交通管理部门是一项法定义务，这项义务也是其他有能力的事故当事人的法定义务。根据《道路交通事故处理办法》的规定，当事人一方有条件报警而没有报警致使交通事故责任无法认定的，应当负全部责任。当事人各方都有条件报警而没有报警，使交通事故责任无法认定的，应当负同等责任，但是机动车与非机动车、行人发生交通事故场合，当事人各方有条件报案而未报案或者未及时报案，致使事故基本事实无法查清的，机动车方应当负主要责任，非机动车、行人一方负次要责任。

（一）及时报警及保险报案

车辆发生保险事故后，要保护现场、抢救伤员和财产，保留相关证据；立即电话通知保险公司报案并注意与保险公司保持联系。

报警可以采取以下几种方式：

1.向就近的值勤交通警察报告。

2.拨打“122”交通事故报警电话。

3.请求顺路车辆上的驾驶人或者其他人员向值勤的交通警察或者公安交通管理机关报告。

4.在偏远地区，可就近向当地公安机关或者其他行政机关报告，请求转告。

报案时，应当尽量讲明事故发生地点、车辆牌号、损失情况，特别要讲明人员伤亡情况及临时处理措施，以便公安机关交通管理部门采取相应措施。如果交通事故引起火灾，当事人应当先报火警（拨打119），再进行事故报警。重特大交通事故发生后，驾驶员在保护现场、抢救伤员的同时，应当及时向事故发生辖区的公安交通管理部门报案。

（二）保护现场

【法律依据】《道路交通安全法》第七十条 在道路上发生交通事故，车辆驾驶人应当立即停车，保护现场；造成人身伤亡的，车辆驾驶人应当立即抢救受伤人员，并迅速报告执勤的交通警察或者公安机关交通管理部门。

（1）立即停车。在道路上发生事故后，有关车辆驾驶人应当立即停车，这是第一义务，以减小事故损失及以便进行事故调查处理。停车后应关掉发动机（以免汽车起火）并打开应急灯及在路上摆放三角形警示牌发出警示。明知发生事故后不采取紧急措施立即停车的，属于有意变动现场，驾车逃逸，是违法行为甚至构成犯罪。

（2）保护现场。根据《中华人民共和国道路交通安全法》第七十条规定，发生交通事故后，当事人应及时对交通事故现场进行处理，尽量减少人身伤亡和财产损失。保护现场，以便事故责任认定及后续处理过程无争议。事故当事人的现场义务主要有以下几个方面：现场是指发生案件或事故的场所及当时的状况。交通事故现场范围通常是指机动车采取制动措施时的轨迹区域或停车的地域，以及与人或物行进接触倒地终止的位置。现场保护是指事故现场保持原始形态，使痕迹、物证等免遭破坏，而对现场采取的一种保护措施。保护现场原则是不要移动车辆及相关物品，保持事故形态及有关物品原貌。

交通事故现场可分为原始现场和变动现场。

原始现场：是指没有任何变动和破坏的事故现场；与事故相关的一切痕迹和物证均保持事故发生后的原始状态。

变动现场：是指人为或自然原因使现场原始状态发生改变的事故现场。变动现场可以分为三种类型，正常变动现场、伪造现场和逃逸现场。正常变动现场的情况：因抢救伤者，需移动车辆、物证和伤者倒地的位置；自然天气原因及群众不慎，导致现场痕迹物证的消失和改变；因特殊情况抢险救援、警卫或政治任务移动车辆及物证；当事人确实不知发生交通事故而驶离现场的；现场有扩大事故的因素，如汽油外溢、车内装有易燃易爆、剧毒、放射性等危险物品，需要将危险车辆驶离现场的属于正常变动现场。其他情况私自移动现场或标志物的属伪造现场和逃逸现场。

交通事故现场是反映道路交通事故发生前后过程的空间场所,存在大量的事故痕迹和物证,是公安机关交通管理部门勘验现场、分析原因、认定责任和处理事故的关键。车辆驾驶人首先应当保护现场。但保护现场的义务人并不限于车辆驾驶人、伤者、路人及在车辆驾驶人受伤等情况下,乘车人也有保护现场的义务。当事人应当在事故发生后妥善保护事故现场,如果事故现场因为当事人的原因,没有得到很好的保护,一旦受到人为或者自然原因的破坏,就很难复原,会给现场勘察带来困难,并可能会影响到交通事故的准确处理。车辆驾驶人在保护现场的同时,应注意找好旁证,记下证人的身份信息、工作单位、地址及联系电话等,以便公安部门了解事故的客观过程,准确地判断事故责任。

当发生交通事故时,机动车驾驶人应当立即停车查看是否出现伤亡情况,当发现有人受伤时,应立即进行抢救。对于伤势轻者,可以将其留在现场等待交警来处理。对于伤势较重者,应及时拦阻过往车辆将其送往就近的医院抢救。若现场有伤员大出血时,应先进行止血,如用橡皮条、绑带或用手指捏住出血处的上方动脉,防止流血过多。同时,要及时拦截车辆或拨打120电话,将伤员就近送医。在万不得已的情况下可以使用肇事车辆送伤员去医院,但应先标好停车位置,即各个车轮的位置、走向、制动印痕的起止点等。如果有他人,应该留下保护现场。驾驶员在将伤员送到医院后,应立即返回现场。

保护事故现场,可以采取下列方法:

(1)交通事故发生后,要立即确定现场范围,用白灰、沙石、树枝、绳索等将事故现场标围封闭,并注意保护;禁止车辆和行人进入并应当尽量做到不妨碍交通。应重点保护以下痕迹:

一是路面痕迹,如:车辆制动印痕、轧压痕迹、侧滑印痕、行人鞋底与路面擦痕以及油迹、水迹、血迹等;

二是车辆及人体擦撞痕迹,如:各种车辆部件造成的刮痕、沟槽、服装搓擦痕、车身浮尘擦痕等;

三是路面遗留物,如:玻璃、漆片等散落物以及人体衣物组织剥落物等。

(2)遇有下雨、下雪、刮风等自然现象,对现场可能造成破坏时,可用席子、塑料布等将现场上的尸体、血迹、车痕、制动印痕和其他散落物等遮盖起来。

(3)如果现场有扩大事故的因素,如汽油外溢时,应立即设法消除,并向周围的行人讲明现场的危险性。必要时,将危险车辆驶离现场。

(4)在繁华或者重要的路段发生的人伤事故,要服从值勤民警的指挥,在做好标记或照相记录后,可将车辆移出现场,以恢复正常交通,但是不准擅自移动车辆,也不得不标记而移动车辆。

(5)当与其他车辆间发生事故时,应立即记下对方的车牌号,如对方车辆发生逃逸,应立即观察及记录该车特征,不要开车去追寻,以免再次引发事故。如备有照相机,最好将事故现场及车辆碰撞的部位拍下来。

二、事故现场急救

救死扶伤是一种传统美德，而对交通事故当事人而言，抢救受伤人员是必须履行的法律义务。道路交通事故发生后，因为一时不可能有专业的医护人员救助伤者，在这样的紧急情况下，当事人迅速、及时地抢救受伤人员可以防止受伤人员伤情恶化以至造成死亡，从而减轻事故所造成的损失。

（一）现场组织

临时组织救护小组，统一指挥，避免慌乱，要立即扑灭烈火或排除发生火灾的一切诱因，如熄灭发动机、关闭电源、搬开易燃物品，同时打电话“120”或派人向急救中心呼救。指派人员负责保护肇事现场，维持秩序。开展自救互救，做好检伤分类，以便及时救护。

根据分类，分轻重缓急进行救护，对垂危病人及心跳停止者，立即进行心脏按压和口对口人工呼吸。对意识丧失者宜用手帕、手指清除伤员口鼻中泥土、呕吐物、假牙等，随后让伤员侧卧或俯卧。对出血者立即止血包扎。

（二）正确搬运

不论在何种情况下，抢救人员特别要预防颈椎错位、脊椎损伤，须注意：

1.凡重伤员从车内搬动、移出前，首先应在地上放置颈托，或进行颈部固定，以防颈椎错位，损伤脊椎，发生高位截瘫。一时无颈托，可用硬纸板、硬橡皮、厚的帆布，仿照颈托，剪成前后两片，用布条包扎固定。

2.对昏倒在坐椅上的伤员，安放颈托后，可以将其颈及躯干一并固定在靠背上，然后拆卸座椅，与伤员一起搬出。

3.对抛离座位的危重、昏迷伤员，应原地上颈托，包扎伤口，再由数人按脊柱损伤的原则搬运伤员。动作要轻柔，腰臀部托住，搬运者用力要整齐一致，平放在木板或担架上。

4.尽量不要现场随意拦车运送危重伤员，否则由于其他车辆缺乏特殊抢救设备，伤员多半采用不正确半坐位、半卧位、歪侧卧位等而加重伤势，甚至死于途中。

（三）伤员自救

1.对出血、骨折伤员的急救

伤员表面皮肤少量出血，可用布压迫止血后包扎；喷射状出血，说明大血管破裂，应设法钳夹血管止血；对四肢出血，一般可用带子扎在近心端，扎一小时放松 5 分钟。四肢骨折时，可临时用木条、树枝等固定患肢，以免骨折端刺破周围组织、血管和神经。若胸部受到挤压、碰撞时，易发生肋骨骨折，此时不要过多挪动胸部和用手触摸。

2.对弹离座位或被车撞倒的伤员的急救

对弹离座位或被车辆撞倒的伤员，不能随便抬抱，要先将伤员作为一个整体转至平卧位，固定颈部，由三四人步调一致托起，并移至木板上；其次，用带子把伤员固定在木板上，头放后、足在前，平稳搬运。如果现场只有一人，急救者应靠近伤员后面，双手穿过伤员腋下，抓住其未受伤的肢臂，轻轻抬起，然后小心向后拖曳。拖动时，保持伤员的头、颈、胸部处于一直线水平上。

3.对驾驶员的急救

最常见的是驾驶员被方向盘或变形的驾驶室撞伤、挤压，并困在其中。在撬开驾驶室门窗后，可用硬纸板或厚塑料纸固定颈部，以免颈椎错位或损伤；同时可用一块板插到伤员背后，用绷带或布条固定，一起将伤员慢慢移出驾驶室。切勿随意将伤员拉出，造成二次损伤，甚至导致生命危险。

4.禁止给伤员服饮料和茶水

原则上禁止给伤员服任何饮料和茶水。因为大多伤员须手术治疗，饮服饮料和茶水必会增加手术难度。对已昏迷、严重休克、头部损伤和呼吸道阻塞的伤员，严禁用吗啡，以免抑制呼吸和掩盖伤情。

任务二　事故快速处理

一、事故快速处理条件

《道路交通安全法》第七十条规定：在道路上发生交通事故，车辆驾驶人应当立即停车，保护现场；造成人身伤亡的，车辆驾驶人应当立即抢救受伤人员，并迅速报告执勤的交通警察或者公安机关交通管理部门。因抢救受伤人员变动现场的，应当标明位置。乘车人、过往车辆驾驶人、过往行人应当予以协助。

在道路上发生交通事故，未造成人身伤亡，当事人对事实及成因无争议的，可以即行撤离现场，恢复交通，自行协商处理损害赔偿事宜；不即行撤离现场的，应当迅速报告执勤的交通警察或者公安机关交通管理部门。

在道路上发生交通事故，仅造成轻微财产损失，并且基本事实清楚的，当事人应当先撤离现场再进行协商处理。

本条款是在未造成人员伤亡的道路交通事故中，当事人对现场可以分为两种情况处理。第一种情况是当事人对道路交通事故的事实和道路交通事故的成因没有争议的，可以即行撤离现场，恢复交通，并且自行协商处理损害赔偿事宜；这项规定是为了尽可能减少交通事故对道路通行的影响而采取的允许当事人自我解决争议的机制。这个机制有两方面的重要意义：第一，这种机制可以大大降低事故对道路通行的影响。第二，允许事故当事人自行处理事故，赋予了事故当事人对没有人身伤亡事故进行“私了”的权利，这是道路交通事故处理体制上的重大改革。这一规定否定了以往道路交通事故当事人一概不能自行解决、只能听候公安机关交通管理部门处理的做法,为交通事故当事人自主解决自己的事情提供了法律的支持和制度上的空间,而且全部车辆均购买了交强险,绝大多数车辆还买了商业险,不管责任怎么分,其钱都是保险公司赔,故没有必要非要保留现场等待交警部门来裁决。但要注意当事人自主解决交通事故时,应当具备下列条件:

①交通事故没有造成人员伤亡。如果造成了人员伤亡,当事人应当按照本条第一款的规定保护现场、抢救伤员并及时报警,不得撤离、破坏现场。

②当事人对事故的事实和事故的形成原因没有争议。在这里,所谓事故的事实是指事故发生的时间、地点、事故造成的损失情况、事故当事人的基本情况等信息。事故的成因则包括当事人的过错、道路的情况、车辆是否发生故障等因素,以及这些因素和事故损害之间是否存在因果关系等。所谓没有争议,是指当事人对财产损失和双方的责任等情况,已经基本上达成了一致。

③当事人自愿自主协商处理。交通事故引起的损害赔偿事宜,即行撤离现场,必须是当事人自主、自愿的结果,只有这样,才能在撤离现场后自行协商解决损害赔偿事宜。

此外,还要说明的是,在符合上述条件场合,当事人有交通违章行为,也不影响他们即时撤离现场。尽管这样可能使有交通违章行为的当事人逃避了违章处罚责任,但这种牺牲和保障道路快速、畅通的巨大效益相比较也是值得的。

快速处理也有适用条件,有的可以双方自行协商撤离,自行划分责任,但并不是所有的交通事故都可以进行快速处理,有以下情况时必须等警察到现场才可处理。

1.可先挪车再等警察到现场的情况:

(1)无交强险或未在本市投保交强险的。

(2)未年检的。

(3)一方逃逸的。

(4)碰撞建筑物、公共设施及其他设施的。

2.在警察到之前不能破坏现场的情况:

(1)无证驾驶的。

(2)无牌照的。

(3)涉嫌酒驾的。

(4)对事故事实有争议的。

(5)造成人员伤亡的。

(6)肇事人所驾车辆为外省市号牌,且不能当场赔付的。

3.需报警处理的情况:本款规定的第二种情况,是发生的交通事故没有造成人员伤亡,但当事人对事实、成因等有争议,或者尽管没有争议,仍然愿意等候警察前来处理的。需要强调说明的是,这里所指的当事人是指道路交通事故的各方当事人。例如,在涉及三方当事人的交通事故中,两方已经达成一致,第三方仍存在不同意见的,其达成一致的两方当事人也不能自行撤离。在这种情况下，应当按照常规的交通事故处理程序，保护好现场并及时报警处理。另外也需说明的是损失不大，仅仅是责任大小划分的，双方均应高姿态予以谅解。同时，如仅发生轻微擦碰事故不愿意撤离现场而堵塞交通的，交警到现场后还可能根据有关规定给予额外的罚款或扣分。

二、快速处理的基本流程

道路交通事故是道路发生堵塞的一个重要原因，我们经常看见道路因并不严重的交通事故而造成拥堵，致使道路通行的能力严重下降，影响了其他道路参与者的通行。在这种情况下，道路交通事故本身造成的直接经济损失不大，而且是不可能逆转的，不撤离现场既不能避免已造成的损失，还可能因拥堵造成更大的间接损失，祸及社会。

各城市的快速处理条例在适用范围及处理流程上有细微差别，本书中的示例及条款系采用有法律依据或责任较明显的案例，同时参照同类事故处理案例及《北京市交通事故快速处理办法(试行)》，供读者参考，形成共识，以免双方因不懂规定而纠缠。

(一)现场撤离前

1.检查对方驾照及车辆手续，其中车辆手续包括：车牌、年检、行驶本及交强险等。在核对完上述信息后方可挪车，不然之后会有麻烦，建议最好在双方认可和拍照之后，互换驾驶本再挪车，防止逃逸。

2.拍照。照片是快速处理中非常重要的证据,照片要求有一张能说明事故现场情况的照片,一张可以说明事故发生地点的全景照片以及若干张车辆发生接触部分的特写照片,最好把当事司机与车辆的合影也拍摄下来。

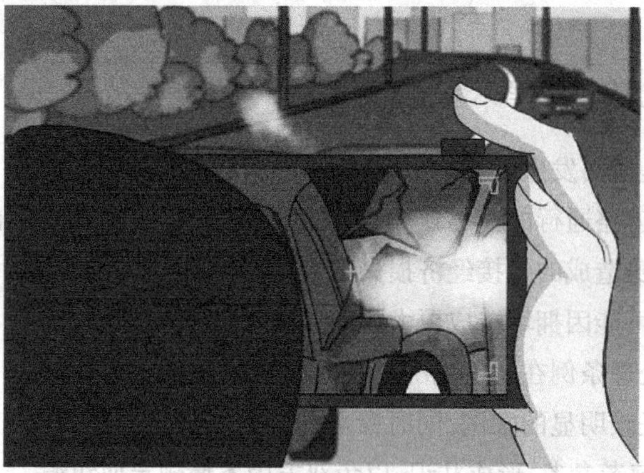

3.在核对完上述信息后,迅速将车挪到不影响交通的地方停好,之后打开双闪警示灯,在适当的距离设置安全警告装置。如果可快速处理但未及时挪车、未设立安全警告装置等,警察到现场后会进行相应处罚。

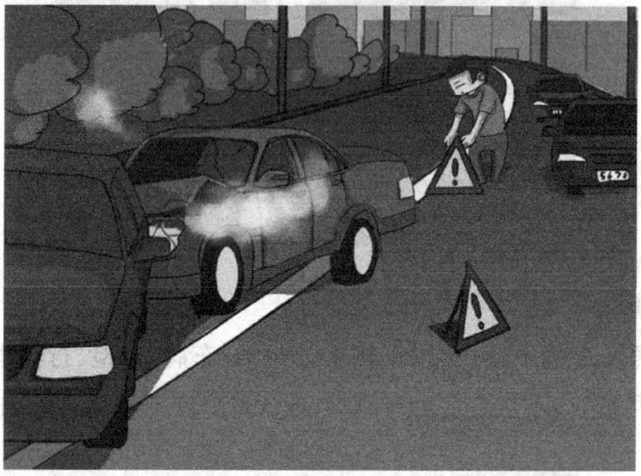

4.在完成上述步骤后,给保险公司打电话报险,之后填写交通事故快速处理协议书。这里很多人都不清楚的一点是,在双方都认可并且填写快速处理单的情况下,是不需要打电话报警的。

（二）明确事故责任

1.追尾事故的

未保持安全距离，在同车道内后车追撞前车尾部的，后方车辆要负全部责任。这里不管前车是否存在不当刹车，因为无法认定前车刹车是否必要，轻重是否合理。

【法律依据】《道路交通安全法》第四十三条 同车道路行驶的机动车后车应当与前车保持足以采取紧急制动措施的安全距离。

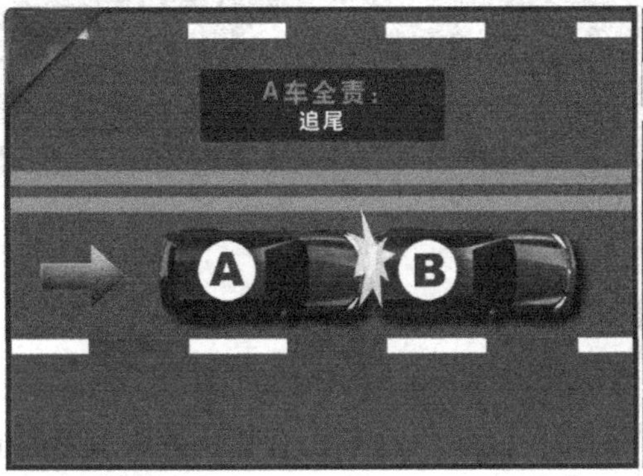

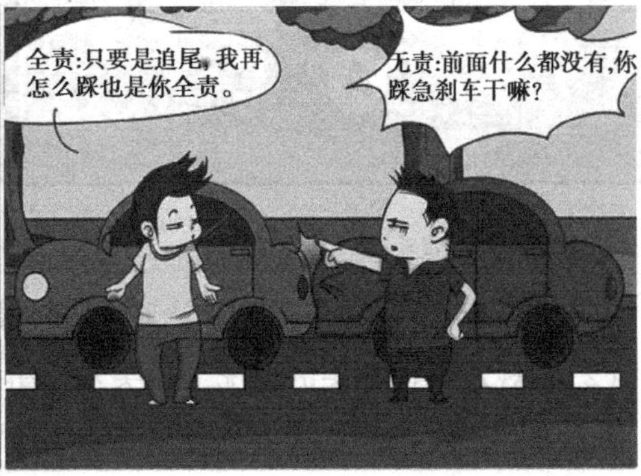

2.倒车/溜车的

在正常行驶状态下，因前方车辆倒车或溜车造成事故的，责任全部由前车承担。这种情况责任明显，一般发生在停驶状态后起步后溜的较多。

【法律依据】《道路交通安全法实施条例》第五十条 机动车倒车时，应当察明车后情况，确认安全后倒车。

3.开关车门造成事故的

这种事故责任明显，打开车门未排查周围情况，开车门一方负事故全部责任。

4.未按规定掉头的

（1）掉头未让行：掉头车辆未让对面直行车，造成事故的，承担全部责任。

（2）在规定不得掉头的情况下掉头发生事故的要由掉头车辆承担全部责任。

【法律依据】《道路交通安全法实施条例》第四十九条 机动车在有禁止掉头或者禁止左转弯标志、标线的地点以及在铁路道口、人行横道、桥梁、急弯、陡坡、隧道或者容易发生危险的路段，不得掉头。

5.其他车辆驶入专用车道的

其他车在规定不得驶入或在不得进入的时间驶入专用车道（如公交车专用道），造成事故的要负全部责任。

6.变更车道未让行正在该车道内行驶车辆的

变更车道未让正在该车道内行驶的车辆先行与正常车道行驶的车辆发生事故负全部责任。

【法律依据】《道路交通安全法实施条例》第四十四条 在道路同方向划有 2 条以上机动车道的,左侧为快速车道,右侧为慢速车道。在快速车道行驶的机动车应当按照快速车道规定的速度行驶,未达到快速车道规定的行驶速度的,应当在慢速车道行驶。摩托车应当在最右侧车道行驶。有交通标志标明行驶速度的,按照标明的行驶速度行驶。慢速车道内的机动车超越前车时,可以借用快速车道行驶。在道路同方向划有 2 条以上机动车道的,变更车道的机动车不得影响该车道内行驶的机动车的正常行驶。

7.遇到障碍的车辆未让行进入障碍区的车的

在没有中心隔离设施或者没有中心线的道路上会车时,有障碍的一方未让无障碍的一方先行的;或有障碍的一方已驶入障碍路段,无障碍一方未驶入时,无障碍一方未让有障碍的一方先行的;遇到障碍的车辆未让进入障碍区的车造成事故要由遇到障碍的车承担全部责任(如 A 车已驶入障碍区,则应由 B 车让行,此时如发生事故,则由 B 车负全部责任)

【法律依据】《道路交通安全法实施条例》第四十八条 在没有中心隔离设施或者没有中心线的道路上,机动车遇相对方向来车时应当遵守下列规定:

①减速靠右行驶,并与其他车辆、行人保持必要的安全距离。

②在有障碍的路段,无障碍的一方先行;但有障碍的一方已驶入障碍路段而无障碍的一方未驶入时,有障碍的一方先行。

③在狭窄的坡路,上坡的一方先行;但下坡的一方已行至中途而上坡的一方未上坡时,下坡的一方先行。

④在狭窄的山路,不靠山体的一方先行。

⑤夜间会车应当在距相对方向来车 150 米以外改用近光灯,在窄路、窄桥与非机动车会车时应当使用近光灯。

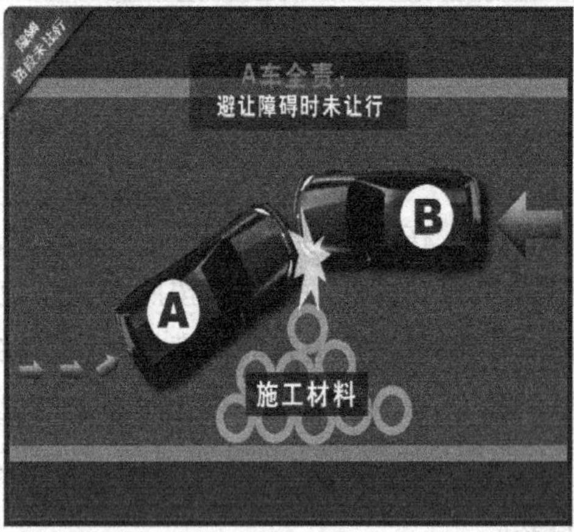

8.未按规定超车的

(1)中心黄色双实线表示严格禁止车辆跨线超车或压线行驶,一旦车辆因超车越线发生事故就要负全部责任。黄色虚线可以并线,调换车道,但一旦因超车越线发生事故也将负全部责任。

(2)在超车后未与被超车辆拉开必要的安全距离驶回原车道发生事故的超车车辆负全部责任。

【法律依据】《道路交通安全法》第四十三条 同车道路行驶的机动车,后车应当与前车保持足以采取紧急制动措施的安全距离。有下列情形之一的,不得超车:

①前车正在左转弯、掉头、超车的。

②与对面来车有会车可能的。

③前车为执行任务的警车、消防车、救护车、工程救险车的。

④行经铁路道口、交叉路口、窄桥、弯道、陡坡、隧道、人行横道、市区交通流量大的路段等没有超车条件的。

【法律依据】《道路交通安全法实施条例》第四十七条 机动车超车时,应当提前开启左转向灯、变换使用远、近光灯或者鸣喇叭。在没有道路中心线或者同方向只有 1 条机动车道的道路上,前车遇后车发出超车信号时,在条件许可的情况下,应当降低速度、靠右让路。后车应当在确认有充足的安全距离后，从前车的左侧超越，在与被超车辆拉开必要的安全距离后，开启右转向灯，驶回原车道。

(3)会车时超车：有会车可能时超车，与对面车辆造成事故承担全部责任。

(4)交叉路口超车：交叉路口超车造成事故承担全部责任。

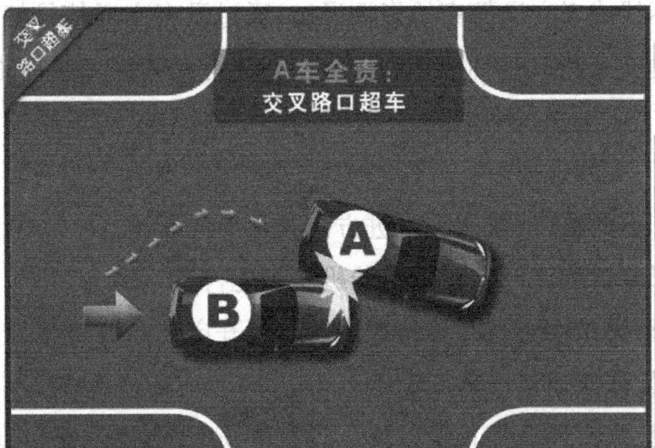

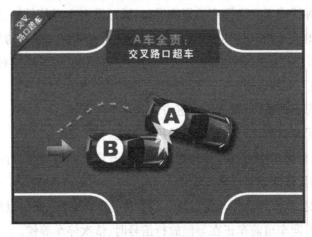

(5)右侧超车：右侧超车车辆负全部责任。

(6)超越左转弯与掉头车辆：超车车辆负全部责任。

9.进入环形路口的车辆未让已在路口内的车辆先行的

进环岛车辆未让行：进入环形路口的车辆未让已在路口内的车辆先行的，正在进入环岛的车辆负全部责任。

【法律依据】《道路交通安全法》第四十四条　机动车通过交叉路口，应当按照交通信号灯、交通标志、交通标线或者交通警察的指挥通过；通过没有交通信号灯、交通标志、交通标线或者交通警察指挥的交叉路口时，应当减速慢行，并让行人和优先通行的车辆先行。

【法律依据】《道路交通安全法实施条例》第五十一条　机动车通过有交通信号灯控制的交叉路口，应当按照下列规定通行：

①在划有导向车道的路口，按所需行进方向驶入导向车道。

②准备进入环形路口的让已在路口内的机动车先行。

③向左转弯时，靠路口中心点左侧转弯。转弯时开启转向灯，夜间行驶开启近光灯。

④遇放行信号时，依次通过。

⑤遇停止信号时，依次停在停止线以外。没有停止线的，停在路口以外。

⑥向右转弯遇有同车道前车正在等候放行信号时，依次停车等候。

⑦在没有方向指示信号灯的交叉路口，转弯的机动车让直行的车辆、行人先行。相对方

向行驶的右转弯机动车让左转弯车辆先行。

10.车辆违反让行规定的

【法律依据】《道路交通安全法实施条例》第五十一条　机动车通过有交通信号灯控制的交叉路口，应当按照下列规定通行：

①在划有导向车道的路口，按所需行进方向驶入导向车道。

②准备进入环形路口的让已在路口内的机动车先行。

③向左转弯时，靠路口中心点左侧转弯。转弯时开启转向灯，夜间行驶开启近光灯。

④遇放行信号时，依次通过。

⑤遇停止信号时，依次停在停止线以外。没有停止线的，停在路口以外。

⑥向右转弯遇有同车道前车正在等候放行信号时，依次停车等候。

⑦在没有方向指示信号灯的交叉路口，转弯的机动车让直行的车辆、行人先行。相对方向行驶的右转弯机动车让左转弯车辆先行。

【法律依据】《道路交通安全法实施条例》第五十二条　机动车通过没有交通信号灯控制也没有交通警察指挥的交叉路口，除应当遵守第五十一条第（二）项、第（三）项的规定外，还应当遵守下列规定：

①有交通标志、标线控制的，让优先通行的一方先行。

②没有交通标志、标线控制的，在进入路口前停车瞭望，让右方道路的来车先行。

③转弯的机动车让直行的车辆先行。

④相对方向行驶的右转弯的机动车让左转弯的车辆先行。

（1）有灯路口未让先被放行的车，后被放行车辆负全部责任。

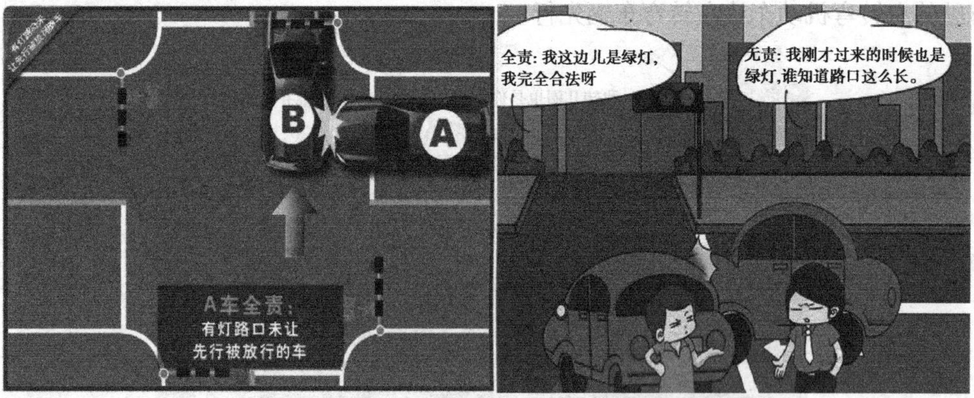

（2）通过没有交通信号灯控制也没有交通警察指挥的交叉路口时，有交通标志、标线控制的，未让交通标志、标线规定优先通行的车辆先行的，负全部责任。

【法律依据】《道路交通安全法实施条例》第五十二条　机动车通过没有交通信号灯也没有交通警察指挥的交叉路口，除应当遵守第五十一条第②项、第③项的规定外，还应当遵守下列规定：有交通标志、标线控制的，让优先通行的一方先行。

（3）无信号灯路口未让右侧来车先行：未让行方车辆负全部责任。

（4）无信号灯路口未按提示标志让行：有让行标志一方负全部责任。

(5)进出或穿越道路的车未让行：进出或穿越道路时未让行，进出或穿越道路的车负全部责任。

(6)红灯亮时，右转弯车辆妨碍被放行车辆通行的，有信号灯的路口右转车未让直行的放行车辆：右转车辆负全部责任。

【法律依据】《道路交通安全法实施条例》第三十八条　机动车信号灯和非机动车信号灯表示：

①绿灯亮时，准许车辆通行，但转弯的车辆不得妨碍被放行的直行车辆、行人通行。

②黄灯亮时，已越过停止线的车辆可以继续通行。

③红灯亮时，禁止车辆通行。

在未设置非机动车信号灯和人行横道信号灯的路口，非机动车和行人应当按照机动车信号灯的表示通行。红灯亮时，右转弯的车辆在不妨碍被放行的车辆、行人通行的情况下，可以通行。在未设置非机动车信号灯和人行横道信号灯的路口，非机动车和行人应当按照机动车信号灯的表示通行。红灯亮时，右转弯的车辆在不妨碍被放行的车辆、行人通行的情况下，可以通行。

（7）有信号灯的路口左转车未让直行的放行车辆：左转车辆负全部责任。

（8）在有交通信号灯控制但没有方向指示灯的交叉路口，相对方向行驶的右转弯车辆未让左转弯车辆先行的负全部责任。

【法律依据】《道路交通安全法》第四十四条　机动车通过交叉路口，应当按照交通信号灯、交通标志、交通标线或者交通警察的指挥通过；通过没有交通信号灯、交通标志、交通标线或者交通警察指挥的交叉路口时，应当减速慢行，并让行人和优先通行的车辆先行。

【法律依据】《道路交通安全法实施条例》第五十一条　机动车通过有交通信号灯控制的交叉路口，应当按照下列规定通行：

①在划有导向车道的路口，按所需行进方向驶入导向车道。

②准备进入环形路口的让已在路口内的机动车先行。

③向左转弯时，靠路口中心点左侧转弯。转弯时开启转向灯，夜间行驶开启近光灯。

④遇放行信号时，依次通过。

⑤遇停止信号时，依次停在停止线以外。没有停止线的，停在路口以外。

⑥向右转弯遇有同车道前车正在等候放行信号时，依次停车等候。

⑦在没有方向指示信号灯的交叉路口，转弯的机动车让直行的车辆、行人先行。相对方向行驶的右转弯机动车让左转弯车辆先行。

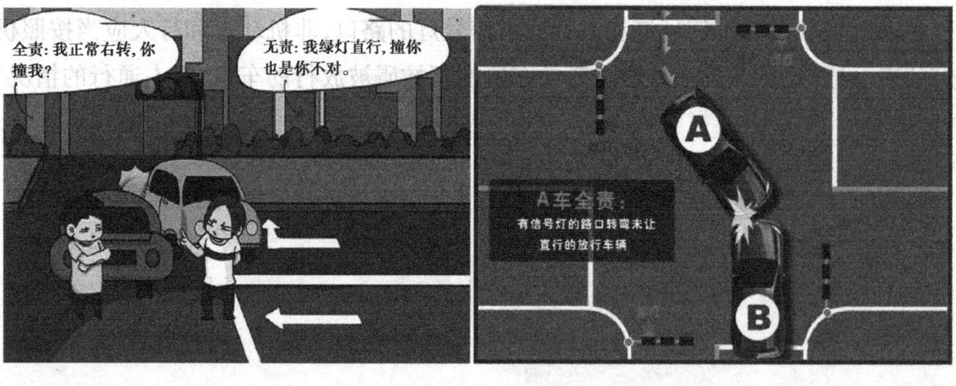

11.通过没有交通信号灯控制也没有交通警察指挥的交叉路口时，没有交通标志、标线控制的，未让右方道路的来车先行，以及相对方向行驶的右转弯车辆未让左转弯车辆先行的

【法律依据】《道路交通安全法实施条例》第五十二条　机动车通过没有交通信号灯控制也没有交通警察指挥的交叉路口，除应当遵守第五十一条第②项、第③项的规定外，还应当遵守下列规定：

①没有交通标志、标线控制的，在进入路口前停车瞭望，让右方道路的来车先行。

②相对方向行驶的右转弯的机动车让左转弯的车辆先行。

12.在没有中心隔离设施或者没有中心线的狭窄坡路上会车时，下坡车未让上坡车先行的；或下坡车已行至中途而上坡车未上坡时，上坡车未让下坡车先行的

【法律依据】《道路交通安全法实施条例》第四十八条　在没有中心隔离设施或者没有中心线的道路上，机动车遇相对方向来车时应当遵守下列规定：

①减速靠右行驶，并与其他车辆、行人保持必要的安全距离。

②在有障碍的路段，无障碍的一方先行；但有障碍的一方已驶入障碍路段而无障碍的一方未驶入时，有障碍的一方先行。

③在狭窄的坡路，上坡的一方先行；但下坡的一方已行至中途而上坡的一方未上坡时，下坡的一方先行。

④在狭窄的山路，不靠山体的一方先行。

⑤夜间会车应当在距相对方向来车 150 米以外改用近光灯，在窄路、窄桥与非机动车会车时应当使用近光灯。

13.违反禁令标志的

违反禁令标志行驶的车辆发生事故的负全部责任。

【法律依据】《道路交通安全法》第三十八条　车辆、行人应当按照交通信号通行；遇有交通警察现场指挥时，应当按照交通警察的指挥通行；在没有交通信号的道路上，应当在确保安全、畅通的原则下通行。

第二十五条　全国实行统一的道路交通信号。交通信号包括交通信号灯、交通标志、交通标线和交通警察的指挥。

【法律依据】《道路交通安全法实施条例》第三十条　交通标志分为：指示标志、警告标志、禁令标志、指路标志、旅游区标志、道路施工安全标志和辅助标志。

道路交通标线分为：指示标线、警告标线、禁止标线。

14.违反导向标志、标线行驶的

违反导向标志、标线行驶的车辆发生事故的负全部责任。

【法律依据】《道路交通安全法》第四十四条　机动车通过交叉路口，应当按照交通信号灯、交通标志、交通标线或者交通警察的指挥通过；通过没有交通信号灯、交通标志、交通标线或者交通警察指挥的交叉路口时，应当减速慢行，并让行人和优先通行的车辆先行。

【法律依据】《道路交通安全法实施条例》第五十一条　机动车通过有交通信号灯控制的交叉路口，应当按照下列规定通行：

①在划有导向车道的路口，按所需行进方向驶入导向车道。

②准备进入环形路口的让已在路口内的机动车先行。

③向左转弯时，靠路口中心点左侧转弯。转弯时开启转向灯，夜间行驶开启近光灯。

④遇放行信号时，依次通过。

⑤遇停止信号时，依次停在停止线以外。没有停止线的，停在路口以外。

⑥向右转弯遇有同车道前车正在等候放行信号时，依次停车等候。

⑦在没有方向指示信号灯的交叉路口，转弯的机动车让直行的车辆、行人先行。相对方向行驶的右转弯机动车让左转弯车辆先行。

第五十二条　机动车通过没有交通信号灯控制也没有交通警察指挥的交叉路口，除应当遵守第五十一条第(二)项、第(三)项的规定外，还应当遵守下列规定：

①有交通标志、标线控制的，让优先通行的一方先行。

②没有交通标志、标线控制的，在进入路口前停车瞭望，让右方道路的来车先行。

③转弯的机动车让直行的车辆先行。

④相对方向行驶的右转弯的机动车让左转弯的车辆先行。

三、简易程序适用范围及协议书内容

(一)简易程序适用范围

发生以上情形之一的交通事故，未造成人员伤亡、财产损失在 3 000 元以上 20 000 元以下，且当事各方对事故事实及成因无争议的，当事人可以自行快速撤除交通事故现场，协商解决赔偿事宜，也可以立即报警，由公安交通管理部门依法处理。

【法律依据】《道路交通事故处理程序规定》第四章　自行协商和简易程序

第十三条　机动车与机动车、机动车与非机动车发生财产损失事故，当事人对事实及成因无争议的，可以自行协商处理损害赔偿事宜。车辆可以移动的，当事人应当在确保安全的原则下对现场拍照或者标划事故车辆现场位置后，立即撤离现场，将车辆移至不妨碍交通的地点，再进行协商。

非机动车与非机动车或者行人发生财产损失事故，基本事实及成因清楚的，当事人应当先撤离现场，再协商处理损害赔偿事宜。对应当自行撤离现场而未撤离的，交通警察应当责令当事人撤离现场；造成交通堵塞的，对驾驶人处以 200 元罚款；驾驶人有其他道路交通安全违法行为的，依法一并处罚。

第十五条　对仅造成人员轻微伤或者具有本规定第八条第一款第二项至第八项规定情形之一的财产损失事故，公安机关交通管理部门可以适用简易程序处理，但是有交通肇事犯罪嫌疑的除外。

适用简易程序的,可以由一名交通警察处理。

第十六条 交通警察适用简易程序处理道路交通事故时,应当在固定现场证据后,责令当事人撤离现场,恢复交通。拒不撤离现场的,予以强制撤离;对当事人不能自行移动车辆的,交通警察应当将车辆移至不妨碍交通的地点。具有本规定第八条第一款第六项、第七项情形之一的,按照《道路交通安全法实施条例》第一百零四条规定处理。

撤离现场后,交通警察应当根据现场固定的证据和当事人、证人叙述等,认定并记录道路交通事故发生的时间、地点、天气、当事人姓名、机动车驾驶证号、联系方式、机动车种类和号牌、保险凭证号、交通事故形态、碰撞部位等,并根据当事人的行为对发生道路交通事故所起的作用以及过错的严重程度,确定当事人的责任,制作道路交通事故认定书,由当事人签名。

第十七条 当事人共同请求调解的,交通警察应当当场进行调解,并在道路交通事故认定书上记录调解结果,由当事人签名,交付当事人。

第十八条 有下列情形之一的,不适用调解,交通警察可以在道路交通事故认定书上载明有关情况后,将道路交通事故认定书交付当事人:

①当事人对道路交通事故认定有异议的。

②当事人拒绝在道路交通事故认定书上签名的。

③当事人不同意调解的。

【法律依据】第八条 道路交通事故有下列情形之一的,当事人应当保护现场并立即报警:

①造成人员死亡、受伤的。

②发生财产损失事故,当事人对事实或者成因有争议的,以及虽然对事实或者成因无争议,但协商损害赔偿未达成协议的。

③机动车无号牌、无检验合格标志、无保险标志的。

④载运爆炸物品、易燃易爆化学物品以及毒害性、放射性、腐蚀性、传染病病原体等危险物品车辆的。

⑤碰撞建筑物、公共设施或者其他设施的。

⑥驾驶人无有效机动车驾驶证的。

⑦驾驶人有饮酒、服用国家管制的精神药品或者麻醉药品嫌疑的。

⑧当事人不能自行移动车辆的。

发生财产损失事故,并具有前款第二项至第五项情形之一,车辆可以移动的,当事人可以在报警后,在确保安全的原则下对现场拍照或者标划停车位置,将车辆移至不妨碍交通的地点等候处理。

(二)协议书内容范本

发生上述交通事故后,当事驾驶人应主动出示驾驶证,对事故事实无争议的,填写《当事人自行处理交通事故协议书》中"事故事实及成因"部分内容并共同签名后,协商赔偿事宜和填写协议书的其他内容。

【法律依据】《道路交通安全法实施条例》第十四条　具有本规定第十三条规定情形，当事人自行协商达成协议的，填写道路交通事故损害赔偿协议书，并共同签名。损害赔偿协议书内容包括事故发生的时间、地点、天气、当事人姓名、机动车驾驶证号、联系方式、机动车种类和号牌、保险凭证号、事故形态、碰撞部位、赔偿责任等内容。

范本：交通事故处理协议要点

道路交通事故发生后，一般是先进行协商处理，协商成功后，需签订一份交通事故处理协议。一般交警处都有协议书可领用，没有时可参考以下格式打印或手写，但内容应齐全、完整。

<table>
<tr><td>事故
时间</td><td colspan="3">年　　月　　日
时　　分</td><td>事故
地点</td><td colspan="3"></td></tr>
<tr><td>代码</td><td>姓名</td><td>驾驶证号或
身份证号</td><td>车辆牌号</td><td>保险
公司</td><td>电话</td><td colspan="2">保险公司
报案号</td></tr>
<tr><td>A</td><td></td><td></td><td></td><td></td><td></td><td colspan="2"></td></tr>
<tr><td>B</td><td></td><td></td><td></td><td></td><td></td><td colspan="2"></td></tr>
<tr><td>C</td><td></td><td></td><td></td><td></td><td></td><td colspan="2"></td></tr>
<tr><td rowspan="3">事故
情形</td><td>1.追尾□</td><td>2.逆行□</td><td>3.倒车□</td><td>4.溜车□</td><td>5.开关车门□</td><td>6.违反交通信号□</td><td>7.未按规定让行□</td></tr>
<tr><td colspan="2">8.依法应负全部责任的其他情形　□</td><td colspan="5">情形描述：</td></tr>
<tr><td colspan="2">9.双方应负同等责任的　□</td><td colspan="5">情形描述：</td></tr>
<tr><td>伤情及
物损
情况</td><td colspan="7"></td></tr>
<tr><td rowspan="2">当事人责任</td><td colspan="2">A方负本起事故</td><td colspan="3">B方负本起事故</td><td colspan="2">C方负本起事故</td></tr>
<tr><td colspan="2">1.全部责任　□
2.同等责任　□
3.无责任　□</td><td colspan="3">1.全部责任　□
2.同等责任　□
3.无责任　□</td><td colspan="2">1.全部责任　□
2.同等责任　□
3.无责任　□</td></tr>
<tr><td colspan="8">以上填写内容均为事实，如有不实，愿负法律责任。
A签名：____________________　B签名：____________________
C签名：____________________</td></tr>
<tr><td>赔偿
情况</td><td colspan="7">自愿放弃保险索赔，自行解决协议如下：

A签名：____________________　B签名：____________________
C签名：____________________</td></tr>
</table>

机动车交通事故快速处理协议书

附:A 驾驶员现住址________________　联系电话________________

　　B 驾驶员现住址________________　联系电话________________

　　C 驾驶员现住址________________　联系电话________________

任务三　事故保险理赔处理

投保商业保险的车辆发生事故后先由交强险按规定赔付,其费用超出部分及超出项目再按商业保险约定处理。

一、报案定损

(一)迅速报案

车辆发生保险事故后,要立即保护现场,抢救伤员和财产,保留相关证据;立即向公安机关交通管理部门报案。向保险公司报案(车辆保险卡上有保险公司的报案电话),48 小时内携带保险单正本、驾驶证、行驶证、被保险人的身份证到保险公司正式报案。否则保险公司有权拒绝赔偿。如果委托他人代为报案,报案人还应携带身份证及被保险人出具的代为报案委托书。

凡参保车辆因事故导致的车辆所有损失在修复之前,必须经保险公司定损,以核定损失项目及金额,定损完毕后才可修理受损车辆;给第三人造成人身或者财产损害所支付的赔偿金,理赔前也要经保险公司核定赔偿项目和相关证据、数额。

(二)车辆定损

1.出示保险单证。

2.出示行驶证、驾驶证、被保险人身份证。

3.填写出险报案表(出险经过;报案人、驾驶员和联系电话)。

4.定损修理。

(1)检查车辆外观,拍照定损

理赔员带领车主进行车辆外观检查,根据车主填写的报案内容拍照核损。理赔员开具任务委托单确定维修项目及维修时间,车主签字认可。

(2)车主将车辆交于维修站维修

以上是车主和保险公司保险理赔员必须要做的,车主一定要注意做好前期工作,避免事后理赔时被动。

(3)领取保险赔款

被保险人或者其代理人在事故处理完毕后,10 日内将索赔单证资料提交给保险公司,包括:交通事故责任认定书、调解书、判决书和修理发票、医疗费发票、病历、误工费证明、被抚养人身份情况以及保单正本(复印件)、身份证复印件、行驶证复印件、驾驶员驾照复印件等资料提交给保险公司,由保险公司计算赔款;届时,保险公司会通知领取保险赔款;领取赔款时,领款人要携带保险单正本、被保险人身份证或者户口本原件,如委托他人代领,代领人还要携带身份证及被保险人出具的《领取赔款授权书》。

二、理赔基本流程

(一)轻微事故的保险理赔

当车辆发生损失数额较小的保险事故后,车主可以将车开至保险公司指定修理处,依据定损定价,让修理厂帮助索赔。一般经过以下程序为车辆定损理赔。

1.检验证件,出示三证及保单:本车行驶证、驾驶员的驾驶证、被保人的身份证、保户保险单。

2.初定车辆损失部位、坏车检查、填写案件审批表、复印所有证件等。

3.照相定损,安排处理意见。

4.报案定时,按照案件审批表内容报案。修理完毕,带齐证件及修车发票到修理处接车即可,让修理处代理索赔。

(二)单方事故的索赔程序

单方事故:指不涉及人员伤(亡)或第三者财物损失的单方交通事故,例如:碰撞外界物体,自身车辆损坏,但外界物体无损坏或者无须赔偿;单方肇事是最为常见的一类事故,因为不涉及第三者的损害赔偿,仅仅造成被保险车辆损坏,事故责任为被保险车辆负全部责任,所以事故处理非常简单。

报案:事故发生后,保留事故现场,并立即向保险公司报案。

现场处理:

1.损失较小(10 000 元以下),保险公司派人到现场查勘,并出具《查勘报告》。

2.损失较大(10 000 元以上),如查勘员认为需要报交警处理时,向交警部门报案,由交警部门到现场调查取证,并出具《事故认定书》。

(三)医疗等费用支付相关规定

1.《中华人民共和国道路交通安全法》第七十五条　医疗机构对交通事故中的受伤人员应当及时抢救,不得因抢救费用未及时支付而拖延救治。肇事车辆参加机动车第三者责任强制保险的,由保险公司在责任限额范围内支付抢救费用;抢救费用超过责任限额的,未参加机动车第三者责任强制保险或者肇事后逃逸的，由道路交通事故社会救助基金先行垫付部分或者全部抢救费用，道路交通事故社会救助基金管理机构有权向交通事故责任人追偿。

[释义] 本条共有三项内容，第一项规定了医疗机构及时抢救受伤人员的法定义务；第二项和第三项规定了抢救费用的具体落实途径。其中第二项规定了参加机动车第三者责任强制保险的机动车造成的事故场合的抢救费支付主体，即由保险公司负责；第三项规定了抢救费用超过责任限额、未参加机动车第三者责任强制保险或者肇事后逃逸的机动车造成的人身伤害的，由道路交通事故社会救助基金先行垫付部分或者全部抢救费用，并规定了道路交通事故社会救助基金在支付抢救费用后对交通事故责任人取得的追偿权。

2.《中华人民共和国道路交通安全法》第七十六条　机动车发生交通事故造成人身伤亡、财产损失的，由保险公司在机动车第三者责任强制保险责任限额范围内予以赔偿。超过责任限额的部分，按照下列方式承担赔偿责任：

①机动车之间发生交通事故的，由有过错的一方承担责任；双方都有过错的，按照各自过错的比例分担责任。

②机动车与非机动车驾驶人、行人之间发生交通事故的，由机动车一方承担责任；但是，有证据证明非机动车驾驶人、行人违反道路交通安全法律、法规，机动车驾驶人已经采取必要处置措施的，减轻机动车一方的责任。

交通事故的损失是由非机动车驾驶人、行人故意造成的，机动车一方不承担责任。

[释义] 本条是关于交通事故损害赔偿责任分担原则的规定。分为两款，分别规定了机动车一方承担责任场合的责任负担原则和不承担责任的情况。

这里的人身伤亡，是指因受害人的生命、健康权受到损害而引起的损失，如抢救治疗的开支、因伤残丧失劳动能力而减少的收入等。根据《道路交通事故处理办法》的规定，人身伤亡方面的赔偿项目主要有：医疗费、误工费、住院伙食补助费、护理费、残疾者生活补助费、残疾用具费、丧葬费、死亡补偿费、被扶养人生活费、交通费、住宿费等，其具体的损害赔偿计算标准如下：

(1)医疗费：包括抢救费、门诊、挂号、化验、检查、药品、手术、住院、治疗等费用。按照医院对当事人的交通事故创伤治疗所必需的费用计算，凭据支付。结案后确需继续治疗的，按照治疗必需的费用给付。

(2)误工费：当事人有固定收入的，按照本人因误工减少的固定收入计算，对收入高于交通事故发生地平均生活费三倍以上的，按照三倍计算；无固定收入的，按照交通事故发生地国营同行业的平均收入计算。

(3)住院伙食补助费：按照交通事故发生地国家机关工作人员的出差伙食补助标准计算。

(4)护理费：伤者住院期间，护理人员有收入的，按照误工费的规定计算；无收入的，按照交通事故发生地平均生活费计算。

(5)残疾者生活补助费：根据伤残等级，按照交通事故发生地平均生活费计算。自定残之月起,赔偿二十年。但五十周岁以上的,年龄每增加一岁减少一年,最低不少于十年;七十周岁以上的按五年计算。

(6)残疾用具费:因残疾需要配制补偿功能的器具的,凭医院证明按照普及型器具的费用计算。

(7)丧葬费:按照交通事故发生地的丧葬费标准支付。

(8)死亡补偿费:按照交通事故发生地平均生活费计算,补偿十年。对不满十六周岁的,年龄每小一岁减少一年;对七十周岁以上的,年龄每增加一岁减少一年,最低均不少于五年。

(9)被扶养人生活费:以死者生前或者残者丧失劳动能力前实际扶养的、没有其他生活来源的人为限,按照交通事故发生地居民生活困难补助标准计算。对不满十六周岁的人抚养到十六周岁。对无劳动能力的人扶养二十年,但五十周岁以上的,年龄每增加一岁减少一年,最低不少于十年;七十周岁以上的按五年计算。对其他的被扶养人扶养五年。

(10)交通费:按照当事人实际必需的费用计算,凭据支付。

(11)住宿费:按照交通事故发生地国家机关一般工作人员的出差住宿标准计算,凭据支付。

同时,有这样一个问题,即在交通事故造成的人身伤亡损失中,是否可以包括精神损害赔偿。精神损害赔偿,是指民事主体因其人身权利受到不法侵害,使其人格利益和身份利益受到损害或者遭受精神痛苦,要求侵权人通过财产赔偿方法进行救济和保护的民事法律制度。我国《民法通则》第一百二十条规定了基本的精神损害赔偿制度,在《国家赔偿法》和《消费者权益保障法》等法律中,也规定了一些有关精神损害赔偿的内容。《道路交通事故处理办法》没有将交通事故给当事人及其亲属带来的精神痛苦纳入损害赔偿范围,在实践中,公安机关道路交通管理部门进行交通事故损害赔偿调解也没有考虑当事人的精神赔偿要求。但是,《道路交通安全法》颁布实施后,如果当事人在向法院提起的交通事故损害赔偿民事诉讼中提起精神损害赔偿的请求,法院可以根据民法通则的规定进行裁量。

本条所指的"财产损失"是指因交通事故而造成的财产损失,包括损坏的车辆、物品、设施等。对这些损失能够修复的,应当修复,不能修复的,折价赔偿。牲畜因伤失去使用价值或者死亡的,折价赔偿。对于交通事故造成的间接财产损失是否赔偿的问题,最高人民法院在1999年有一个这方面的司法解释,认为《中华人民共和国民法通则》第一百一十七条第二款、第三款规定:"损坏国家的、集体的财产或者他人财产的,应当恢复原状或者折价赔偿。""受害人因此遭受其他重大损失的,侵害人应当赔偿损失。"因此,在交通事故损害赔偿案件中,如果受害人以被损车辆正用于货物运输或者旅客运输经营活动,要求赔偿被损车辆修复期间的停运损失的,交通事故责任者应当予以赔偿。根据这个答复,交通事故损害赔偿中的财产损失,可以包括事故的间接损失,但这一间接损失仅限于"要求赔偿被损车辆修复期间的停运损失"。

被保险人或者受害人索赔第三者责任保险时,应当注意以下事项:

①被保险人自行承诺或者支付赔偿金额的,保险人有权重新核定。发现赔偿金额超出合理数额的,可以不承担超出部分的赔偿金。

②被保险人索赔时,应当提交保险单、事故证明、事故调解结案书、损失清单和各种费用的单据。保险人无异议的,应当在保险合同规定的期间内(目前为10天)一次赔偿结案。

③保险人对第三者的责任事故作出赔偿后,不论赔款是否达到保险赔偿的限额,在保险期内,投保人投保的第三者责任保险继续有效,保险人不得以已经对被保险人的事故作出赔偿为由宣告合同终止。

④保险车辆发生的保险事故应由第三人承担责任的,被保险人可向第三人索赔,也可以向保险人索赔。保险人应按规定预先赔偿,被保险人应将向第三人追偿的权利转让给保险人,并协助保险人向第三人追偿。

注:①的后半句内容是关于超过投保金额部分的损害赔偿的承担原则。一般可分为两种情况。

第一种情况,机动车和机动车发生交通事故。

在机动车之间发生交通事故的情况下,实行过错责任原则,也就是以当事人有无过错作为是否承担责任的基础。在道路交通事故中,衡量当事人是否具有过错的主要依据是当事人的行为是否构成了道路交通违法行为,也就是大家经常说的是否有违章行为。应当由公安机关交通管理部门在勘察事故现场时,根据现场的实际情况以及其他证据来确定,法院也可以在进行法庭调查时对当事人的过错进行进一步的确认。

机动车之间发生交通事故,且双方都有过错的,按照各自的过错的比例分担责任。

第二种情况,机动车和非机动车驾驶人、行人发生的交通事故。在这种情况下,责任的承担又可以分为两种,第一种是机动车承担全部责任;第二种是机动车承担部分责任。

在机动车和非机动车驾驶人、行人之间发生交通事故的,由机动车一方承担责任。这种责任的归责原则,已经不同于机动车之间发生事故场合下的归责原则。这里的归责原则是严格责任。适用严格原则分配责任,再次体现出《道路交通安全法》对道路交通参与者中弱者和受害者进行特殊保护的立法政策。根据本条的规定,机动车和非机动车、行人发生交通事故场合,机动车一方不能通过举证自己无过错而免除责任。

在适用严格责任场合,机动车一方承担全部责任是原则,减轻或者免除责任是例外。如果机动车一方想要实现责任的免除或者减轻,可以有两种方式:第一,能够成功举证交通事故及其造成的损失是非机动车驾驶人、行人故意造成的。在这种情况下,不论机动车一方有无过错,都会因对方的故意行为而使自己的行为和损害之间的因果关系造成中断,从而不承担任何责任。第二,能够成功证明对方当事人违反了交通规则,并且成功举证本人已经采取了必要的处置措施而仍然没有能够避免事故的发生,在这种情况下,可以减轻机动车一方的责任。对于如何减轻责任,《道路交通安全法》没有明确,我们认为,在这种场合减轻责任的方法应当适用过失相抵的原理去塑造,根据当事人各方行为对造成事故损失原因力的大小来具体确定减轻责任的幅度。需要说明的是,道路交通安全法在这里对机动车一方规定的严格责任,并非传统意义上的严格责任,因为减轻机动车一方责任并不一定要求机动车一方负举证责任,只要有证据证明非机动车驾驶人违反道路交通安全法律、法规,且机动车驾驶人已经采取必要处置措施,就可以减轻机动车一方的责任。这里的"有证据证明"既可以是机动车一方自己证明,也可以是其他证人证明,当然还可以是由公安机关出具的交通事故认定书来证明。

本条的第二款规定,交通事故的损失是由非机动车驾驶人、行人故意造成的,机动车一方不承担责任。对本款的规定,应当从以下两个方面进行理解:

①造成交通事故损失的原因是非机动车驾驶人、行人的故意行为。也就是说,非机动车驾驶人、行人明知自己的行为会发生损害自己的后果,而希望或者放任此种结果发生。受害人对损害的发生具有的故意,足以表明受害人的行为是损害发生的唯一原因。在非机动车驾驶人、行人具有故意场合,机动车一方的道路交通违法行为、其他过失行为的存在,并不影响责任的免除。例如,在行人故意利用机动车自杀场合,尽管造成行人死亡的机动车有超速行驶的交通违法行为,但不影响机动车一方引用受害人自杀的故意主张免责。但是,如果机动车一方明知受害人故意而恶意利用了这种故意,则不能够主张免责。对进入高速公路或者其他封闭道路的非机动车驾驶人、行人,是否应当认定其行为为故意行为,我们认为应当根据具体情况区别对待,不可一概而论。如果机动车一方在非机动车驾驶人、行人进入高速公路或者其他封闭道路场合不采取必要处置措施造成受害人人身伤亡或者财产损失,也会导致赔偿责任的产生。如果机动车驾驶人在非机动车驾驶人、行人进入高速公路或者其他封闭道路场合故意放纵自己的行为造成非机动车驾驶人、行人伤亡,还会承担刑事责任。

②在机动车一方主张受害人故意而免责场合,承保机动车第三者责任保险的保险公司也不承担赔偿责任。这是因为,保险人承担责任的基础是被保险人责任的成立,在被保险人成功免责场合,保险人的责任便没有了根据。如果保险公司已经预先支付了抢救费用,则可以要求受害人返还。

项目六
二线安全管理

教学目标

公交企业二线安全事故通常指除营运生产的交通事故之外的安全事故,如站场事故、维修生产事故、厂场火灾事故、汽车火灾事故、车辆机械事故(包含重大机械事故隐患)等类事故。

二线安全管理首先要制定各主要工种及设备的安全操作规程,培养员工遵章守纪的自觉性。其次,要懂得安全操作是对自己和他人的安全保护,要通过安全操作规程的实施,增强员工的安全意识,养成人人处处注重安全的职业习惯。在二线安全事故预防中,通过学习事故案例与启示,了解事故危害及风险,了解维修设备事故、汽车机械事故、火灾事故的预防知识,增加对事故的防范能力。

任务一　站场及维修安全管理

公交行业的二线通常指站场、修理厂及办公区。二线安全事故通常指除运营的交通事故之外的安全事故。二线安全具有涉及面广、范围宽、人员复杂、地点分散等特点,管理难度较大,决不能忽略。二线安全管理是二线正常生产的保障,二线安全管理的重点仍然是抓日常管理及事故预防。

一、事故案例与启示

(一)站场事故案例与启示

案例1:1989 年 2 月 3 日重庆公交双碑停车场内,一售票员正徒步横穿车场,此时旁边一辆车正在倒车，驾驶员未发觉侧面有人，当售票员发现车辆时，急忙躲避，但由于边上另一辆停驶车辆挡住了去路，躲避不及，被夹在两车中间，发生盆骨骨折重伤事故。

案例2：2011年12月27日中午1时20分许，深圳罗湖口岸汽车站停车场中的一辆广州开至深圳的大巴突然失控，撞向候车区护栏内的旅客，造成5人死亡、多人受伤。肇事车辆是深圳开往霞山的大巴，记者在采访中了解到，死伤者包括香港人士。事故发生后，肇事司机已被控制。据该司机所在的公司称，该司机是一名优秀司机，并怀疑司机肇事存在制动失灵的意外情况。

启示：现在不少站场人车混流，类似事故多次发生，因此对站场的安全管理必须引起高度重视，首先要建立站场安全管理制度：应包括站场分区、分道、标识、车场限速、车辆行人流向、照明、消防、保卫、设施设备管理、场地调度指挥等内容。要明确责任区、责任人，要点在"管"字上下功夫。

（二）厂区生产安全事故案例与启示

案例：2010年3月25日，重庆公交的一汽车修理厂水电工张某使用液压移动式登高梯更换车间顶部灯泡，由于张某未遵照张开底部支撑并拧紧丝杆使之接触地面之使用规定，当登高梯升至约5米高处作业时，张某身体依靠在一边的防护栏，重心偏移，登高梯发生侧翻，张某随梯摔下造成股骨骨折的工伤事故，经济损失数万元。

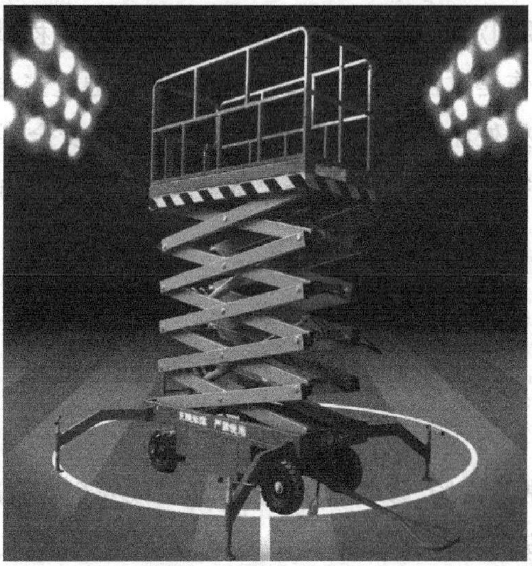

启示：厂区生产安全管理主要是对人的管理，一般来说工厂的安全制度是基本健全的，关键是要大家遵照执行，上例就是没有按照操作规程使用所致。由于工厂工作人员数量多，生产较分散，因此对违章的纠正查处应是安全管理的重点，要通过对违章的纠正查处来培养员工自觉遵守规章制度的良好习惯。

（三）车辆机械事故案例与启示

案例：2008年3月31日晚6:40左右，重庆一辆公交车在黄泥磅邦兴花园附近，突然制动失灵，与两台小车擦剐后撞击电线杆，驶上花台后停下，损失数千元。

事故原因调查：该车制动踏板座上的横销掉落，制动踏板失去固定致使制动失效。车辆勘察：在踏板附近的地板上寻找到一颗开口销，开口销的两脚已折断，端部及两脚剩余部分有磨痕。两脚折断的残余部分有向外扳弯折的痕迹。作复原试验，穿过横销孔外露，恰好与正常装配时弯折成蝴蝶状的尺寸相吻合，开口销头部及脚端磨痕与踏板底座磨痕相吻合，开口销断裂面有较明显的疲劳扩展区和呈粗糙晶粒状的脆性断裂区，具有疲劳断裂特征。横销失去锁止约束，在反复旋转运动中逐渐从座孔内退落，导致制动踏板无固定支点，失去制动功能。属于一次机械责任事故。

启示：预防车辆机械事故的要点是加强对车辆的保养及安全检查，在对车辆进行保养时必须严格按照技术标准要求定期保养，进行作业及严格检验。同时驾驶员也必须按照规定做好例行保养，加强对车辆的安全检查，上例中导致事故的直接原因是制动踏板横销退出所致，如开口销长度符合标准或制动踏板横销不随踏板同时运动就不会发生折断引发事故。另一方面，从开口销断裂到横销退出有一个较长的时间过程，又是发生在驾驶室，如驾驶员加强例保检查应该是容易发现且能避免事故发生的。因此驾驶员也有一定责任。通过这个案例还应注意的是车辆有故障时应立即维修，不能开带病车。

二、汽修员工安全操作规程要点

二线安全管理首先要制定各主要工种及设备的安全操作规程，培养员工遵章守纪的自觉性。要懂得安全操作是对自己和他人的安全保护，要通过安全操作规程的实施，增强员工的安全意识，养成人人处处注重安全的职业习惯。由于汽车运输企业二线生产工人中人数较多的要数汽车修理工，因此二线安全管理的重点在修理厂。现将汽车运输企业车辆维修主要工种及常用设备安全操作规程要点介绍如下。

（一）汽修员工安全操作规程要点

1.员工安全操作通用守则要点

（1）严格遵守企业安全规章制度和岗位安全操作规程。

（2）新进员工和调换工种员工必须按规定参加安全生产教育，已掌握安全操作技能，经考试合格后方可上岗作业。

（3）特种作业人员应经相关安全监督部门组织参与专门的安全培训，取得有效的操作证书后方可独立作业，其他人员一律不得使用特种作业设备和从事特种作业操作。

（4）经企业安排并持有相应准驾车类驾驶证的人员方可按照工作需要，驾驶（或监护驾驶）机动车辆（含试车检验、叉车、电瓶车、厂内转运车等）。

2.劳动保护及着装规定要点

（1）按规定穿戴符合工种作业需要的劳动保护用品，扣紧衣裤和袖口，女工发辫应塞入帽内。

(2)生产作业时不得系领带、围巾和佩带外挂式首饰,不准赤膊、赤脚或穿拖鞋、高跟鞋上岗。

(3)易燃易爆作业场所不得穿容易产生静电的衣物和掌有铁钉的皮鞋进入警示区域。

(4)从事危险作业必须在采取有效的安全防护措施后,方可操作。

3.作业场所安全管理规定要点

(1)遵守安全管理规定,服从现场安全人员指挥。

(2)车辆维修作业区域、原材料库房、易燃易爆场所不得吸烟及擅自动火,严禁无关人员进入以上区域。

(3)各类生产、安全防护设施、设备及装置不准擅自拆除、占用或移作他用。

(4)消防器材、灭火工具及施救用品必须设置规范,不准随意动用,不得在设置的施救用品周围 10 米范围内堆放其他物品。

(5)非该岗位工作人员未经允许不得进入油库、天然气站、材料库及配电、发电、锅炉、监控中心等场所,因工作需要进入以上场所的作业人员必须服从有关工作人员指挥。

(6)各类易燃易爆及有毒有害的危化物品必须按规定运输、储存、使用及销毁。

(7)随时保持车间、库房和办公区域消防通道的安全畅通,各类物料堆码场所应整齐、稳妥,防止倒塌或损坏。

(8)作业完工后应当按规定收捡现场设备、物资和工具,并清除作业区域的积水、油污、垃圾和废料。

4.车顶等高空作业的安全操作规定要点(含清洗车顶及车顶维修作业)

(1)由相关负责人向作业人员作好安全技术交底,并在作业前检查落实安全技术措施和个人防护措施,确认完好有效。

(2)患有心脏病、高血压、精神病、癫痫病等职业禁忌疾患的人员不得从事高空作业。

(3)作业人员必须衣着灵便,脚下应穿软底防滑鞋。

(4)作业时工具和物料应当堆放平稳,不得妨碍操作和行走。严禁向下抛掷工具和物品;下部有人操作时,工具、工件应拴保险绳。

(5)作业中如发现安全设施出现缺陷或隐患,应当立即停止作业,及时报告,经妥善处理后,再行恢复作业。

5.车间通行与装卸安全规定要点

(1)作业人员含回厂驾服人员须在人行通道行走,并遵守现场安全警示标志,严禁冒险穿行危险区域。

(2)起重作业应遵守设备使用安全操作规程。须服从现场指挥人员指挥,不得在吊臂下站立、停留或通行。

(3)厂内机动车不准违规载人,严禁攀爬正在行驶的机动车辆,不得从行驶的机动车上抛卸或抛装物品。

（4）车间内不得驾驶摩托车或骑乘自行车等代步工具。

6.汽修工安全操作规程要点

（1）遵守《汽修员工安全操作通用守则》《通用设备安全操作规程》和相应机具设备的安全规程。

（2）作业前应当检查生产岗位的环境、工具和有关设施、设备的安全状况，确认安全完好后方可作业，作业中正确使用、维护和检修机具设备。

（3）遵循企业相关技术标准和安全操作规程，加强作业过程中的安全自查、互查，积极消除事故隐患。

（二）车辆维修作业一般安全规定

1.维修车辆受热发烫的部位应当分别采取冷却措施，防止发生灼烫伤人事故。

2.维修发动机或使用具有旋转切削功能的设备时，要防止肢体和衣物卷入机体或与风扇叶片接触，应扎紧衣袖，不得戴手套操作，身体不能靠近设备的旋转部位。

3.在车辆上下从事多工种配合的立体交叉作业时，应服从劳动组合安排，在相互协调沟通的前提下，确定安全措施和工作程序，防止工种之间作业空间受到冲突和干扰，防止工具、零件脱落引发事故。

4.进入车辆底盘或从事车辆顶升作业，必须选择安全停车地点，进行驻车制动，垫好三角木和保险凳等安全措施，防止车辆滑移、垮塌。

5.因维修作业需要拆除的相邻部件，在维修作业完毕后，应按车辆技术要求恢复原状。

（三）发动机启动安全规定

1.启动前应当告之相邻工种人员采取安全防范措施，开展安全喊话，并由具有启动发动机安全知识和操作技能的维修技工实施；学工不得单独启动发动机。

2.启动发动机须将排挡置于空挡位置或踏下离合器。

3.已经顶升上架的车辆需要启动发动机时，须检查顶升稳固状况，车上其他作业人员应当避免车辆发生剧烈震动。

4.发动机熄火后须关闭电源、气源，将变速杆挂入低速挡位置，拉紧驻车制动。

（四）零部件拆装安全规定

1.拆装车辆零部件使用工具应符合技术规范要求，操作要稳，防止工具零件打滑、断裂。

2.装卸弹簧应使用专用工具操作，使用常规工具装卸时，应采取安全措施，规范操作姿势和动作，均衡发力，防止弹簧弹击伤人。

3.坚持安全自查制度，发现存在安全质量隐患的工具和零部件一律不得继续使用。

4.不得在车厢内使用盛装汽油的油盆，洗件油使用完毕后应当加盖密封，存放于指定位置。车辆更换的废油应当统一收集存放，防止火灾和环境污染。

（五）车辆举升安全规程要点

1.应根据顶升作业任务的需要选用千斤顶，应检查千斤顶的技术状况，确认完好后方可使用。

2.应选择坚实平整的地面放置千斤顶,做到安置平稳可靠,顶杆中心垂直顶向车身安全受力部位,防止顶升滑脱或偏移。

3.千斤顶每次顶升高度不宜过高,当顶升行程上升到顶杆长度的3/4高度时,即应停止继续顶升。

4.放下千斤顶前应挂好车辆排挡,拉紧驻车制动装置,检查车辆下方的安全情况,移开保险凳,待所有作业人员离开车体下降空间可能触及的范围,确认安全后再行操作。车辆落地后应立即垫好三角木。

5.凡需拆卸车轮作业时,必须设置保险凳。

(六)驻点小修作业人员安全规定

1.维护保修作业场地的安全生产条件,定期检查生产作业场所的劳动安全及卫生状况,保持作业场所安全、整洁、有序。

2.作业场所电气线路规范,机具设备工况正常,临时用电线路在使用完毕后应当及时拆除。

3.做好修车设备、设施、工具和备用材料的安全检查和保养维护工作,发现故障和隐患必须及时报告或排除。

(七)库管工安全操作规程要点

1.遵守《汽修员工安全操作通用守则》和库房安全管理规定。

2.工作前检查工作场地和物资堆码的安全状况,收发材料过程中必须稳拿轻放,交接妥当。

3.库存物品必须实行定置管理,堆码整齐,库内场地布局应预留安全通道。

4.定期进行安全检查,发现事故隐患及时整改或向有关部门报告。

5.物资储存堆码安全操作规定

(1)堆码原材料、成品、坯件、零件等必须分类上架存放,场地堆码物资高度应与堆件的稳定性相适宜。

(2)堆码不规则物件,应使用专门的堆码架子或用木料垫稳,确保牢固可靠。

(3)贵重物资、精密部件必须存放于指定地点,凡露天存放的其他物资需要采取防火、防水、防盗、防流失、防污染的安全保卫措施。

(八)清障车驾驶员安全操作规程要点

1.应严格遵守道路交通安全法规及特种车相关规定。遵守《驾驶员安全操作规程》《汽修员工安全操作通用守则》的有关规定。

2.按规定维护和使用清障车辆,定期检查车辆有关配套设备、设施,保证齐全、完好。确认托架安全性能完好,并正确使用保险锁止装置。

3.车辆在狭窄场地调头或倒车时，应当注意观察车辆周围的安全情况，采取必要的安全防范措施。

4.严禁超速、超载、超负荷拖挂。

5.严禁私自搭乘与任务无关人员和物资。

三、常用设备安全操作规程要点

(一)设备通用安全操作规程

1.各类设备的电气线路、输气管道、防护设施安装、敷设配置必须符合安全生产条件及国家或行业标准。

2.设备设置的环境条件必须满足原厂技术规定，发现设备安全技术隐患，应及时停机维修或整改。

3.爱护生产设施和设备，各类专用设备、精密设备实行定人、定责维护管理，未经保管人同意不得擅自动用专用设备。

4.作业人员应按规定做好设备日常维护及保养，发现故障必须维修，严禁“带病”运行。

5.维修电气设备前必须断开电源，并在动力开关处悬挂“有人工作，严禁合闸”的警示牌，实行“谁挂牌，谁摘牌”的防护要求，检修完毕后，操作人员必须再次检查，确认安全后再行合闸。

6.各类设备的安全防护设备、监控设施、预警设施和工作仪表必须齐全、完好、有效。

7.作业中出现设备故障应当立即断开电、气源及联动装置，停机检查维修，待故障排除后再行恢复作业。

8.严禁在设备机体和工作台面上进行敲击、碰撞和施焊作业等损坏设备的行为，不得在设备台面上堆放物品。

9.未取得专业安全技术培训合格或操作证已失效的人员，不得使用特种作业设备、设施。

10.作业中使用产生噪声、弧光、粉尘等可能对作业环境造成影响的设备时，应主动做好安全协调工作，采取必要安全防护措施。

11.各类电气设备应按规定使用符合安全条件的漏电保护装置，设置保护性接地接零装置。

12.移动式电动设备或公用设备必须指定专人负责检查、维护，定期进行安全检查，并做好检查记录。

13.移动式电动设备不得在雨天进行露天作业，设备使用完毕后应放置于防潮避雨的指定位置。

14.各类设备不得超温、超压、超限、超时、超负荷运行。

15.设备使用完毕或因停电等意外原因停止作业，应退开刀具，按规定整理现场。各操纵手柄恢复到安全备用位置，关闭电源、气源、水源和火源，做好设备和环境的清洁维护工作。

16.发生设备事故,应在技术、安全管理部门的主持下进行设备事故技术分析,有关设备操作人员应当积极配合调查取证工作。

(二)砂轮机安全操作规程要点

1.砂轮机应指定专人负责保管、维护、保养。每次使用前须检查砂轮质量,出现裂纹或破损,不得使用。

2.砂轮机应安装在砂轮旋转方向无人通过的位置,并采取通风吸尘的卫生防护措施。

3.砂轮机圆弧的上部前端应设置符合规定的防护罩,未安装防护罩的砂轮机禁止使用。

4.作业人员应侧立于砂轮操作,使用前应先开启空车运转1~2分钟,确认空转性能良好后再行使用。

5.开始使用时应将待磨件与旋转的砂轮进行轻微接触,采用间断性试磨方式,确认无异常现象后再行操作,磨削完毕后先退开待磨件再停车。

6.对尚未预热的冷砂轮、新更换的砂轮应减小磨削量。

7.尽量避免用砂轮侧面磨物;若必须用砂轮侧面磨物时,只能轻微用力。

8.不准在砂轮上磨铸件毛坯、有色金属或非金属物件;严禁铁丝、薄铁皮在砂轮机上磨削。

(三)举升机安全操作规程要点

1.执行《设备通用安全操作规程》和相关设备使用说明书的规定。

2.使用前须检查确认电气系统、液压系统、气路系统完好可靠。

3.维修车辆进入指定位置,并应采取驻车制动措施。

4.开启举升机前必须检查横梁两端叉口中心,按规定要求调整顶车丝杆,受力尽量与丝杆中心同心,防止丝杆偏磨或弯曲。

5.使用前应检查安全保险装置,车辆举升到位后,应进行安全保险。

6.举升机所用垫木应不易开裂、压碎,铺垫时必须放置妥当。

7.严禁在举升机机体上敲击、在已举升的车辆上摇晃。

8.举升机横梁上平面降至地面后,方可移动车辆。

9.定期在机体润滑点加注润滑油,随时清除移动轨道内的异物。

（四）台钻安全操作规程要点

1.执行《设备通用安全操作规程》和台钻使用说明书规定。

2.应指定专人对公用台钻设备定期进行检查、维护。随时保持安全防护装置完好有效。

3.开机检查，确认钻床运转正常后才能使用。

4.需要钻孔的工件、材料必须装夹牢固可靠，并选择适当的转速及进刀量。

5.钻头缠绕长铁屑时，应当停车后用刷子或铁钩清除，严禁用手直接清除。

6.钻薄壁件时，工件下应垫木板。一般不得用手直接握住工件施钻。

7.不得在钻头尚未停止转动前采取强制措施阻滞钻头旋转。不得在旋转的钻头下翻转、卡压或测量工件。

（五）移动式电器设备安全操作规程要点

1.执行《设备通用安全操作规程》及该设备使用说明书的规定。

2.操作前须检查确认电源、线路、插头、线板和电动设备外壳的绝缘性能良好；机械性能安全可靠；作业场地符合规定的安全生产条件。

3.随时维护移动电动设备及其附件的安全性能，取用设备时要轻拿轻放，作业中严禁强拖硬拉，完工后应当有序盘卷导线，避免折弯、轧坏、割破保护层，电源线不得与油、水接触。

4.使用设备作业时用力均衡适度，防止作业中产生的旋转力矩、铁屑或粉尘对人体造成伤害。

5.在潮湿的工作环境作业时，应穿用绝缘胶靴或站立在干燥的橡皮垫或木板上工作，避免设备及其附件受潮漏电，防止发生触电事故。

6.使用中如发现设备及其附件漏电、产生高热、电源缺相、剧烈振动或发出异响时，应立即停止工作，并检查修理，待故障排除后才能再恢复使用。

7.应定期检查移动设备的绝缘性能及电源线。

任务二　汽车火灾预防与厂区消防管理

汽车运输企业的消防安全防范及管理主要为防止汽车火灾和厂区火灾事故，其重要防控手段有以下几个方面。

一、汽车火灾事故预防

（一）典型案例

案例1：碰撞燃烧起火

2016年6月26日，湖南省郴州市宜凤高速公路宜章段发生一起客车碰撞燃烧起火的特别重大道路交通事故,造成35人死亡、13人受伤,直接经济损失2 290余万元。

调查认定,事故的直接原因为:驾驶员×××疲劳驾驶造成车辆失控,与道路中央护栏发生多次碰撞,导致车辆油箱破损、柴油泄漏,右前轮向外侧倾倒,轮毂上的螺栓螺母与地面持续摩擦产生高温,引起柴油泄漏和车辆起火;车辆停止时其右前角紧挨路侧混凝土护栏,车门被阻挡无法有效展开,车内乘客不能及时疏散,且安全锤未按规定放置在车厢内,乘客无法击碎车窗逃生,造成重大人员伤亡。

国务院调查组认定,这起事故是一起特别重大生产安全责任事故,对21名企业人员和涉嫌职务犯罪人员立案侦查并采取刑事强制措施。

案例2:天然气泄漏爆燃事故

2008年4月9日晚9:30分左右,重庆市公共电车公司渝××××××号大客车行驶至江北区观音桥车站红绿灯附近发生火灾事故,造成直接经济损失5.1万余元。

火灾原因认定:该大客车起火原因为置于发动机中下部的压缩天然气(CNG)供气系统一级减压器至二级减压器之间的复合材料输气管靠近二级减压器接头附近破裂,突然发生大量天然气泄漏。由于泄漏气体多、浓度大,形成可燃混合气体,被发动机舱内电气系统外跳的火花点燃,发生爆燃并引燃其他可燃物质。虽然事故中驾驶员采取了使用车载灭火器灭火的相应措施,但此期间由于管道余气持续外泄燃烧及已引燃车内可燃物,导致手持车载灭火器的灭火效果不佳,最终造成整车燃烧的车辆火灾事故,失火的直接原因为复合材料输气管陈旧所致。

案例3:制动器发咬高温起火

2016年9月11日下午3时许,一辆从江苏仪征开往连云港满载21辆崭新轿车的平板大货车,行驶到宁连高速南京六合竹镇段附近时,车后部突然冒烟起火,车上装载的21辆崭新轿车基本烧毁,初步认定为制动器发咬引起高温起火,具体原因正在调查之中。当日下午3时左右,平板大货车司机行驶中突然发现车后部冒烟起火,立即停车,随后用车上两个灭火器扑救。由于路上堵车,附近路过司机搬了一箱矿泉水帮助扑救。接警赶来的三辆消防车也赶到现场扑救大火,消防车上的水用完后,大火仍在燃烧。在附近村民的指引下,消防队员扒开护栏缺口,从附近村庄水塘引水扑救,半小时后将火扑灭。

案例4:厂区火灾事故案例

2007年6月10日重庆公交一汽车保修厂在汽车维修过程中,不幸引燃清洗零件用的汽油盆,引发火灾,经大家奋力扑救,厂房幸免火损,扑救中修理工苏某某见油盆起火,怕引燃正在维修之中的汽车,勇敢地端起汽油盆往车外扔,不料慌乱之中油盆撞上车窗立柱,汽油反泼回来,溅在身上,瞬成火人,头部、手部深度烧伤,造成厂区重大火灾事故。

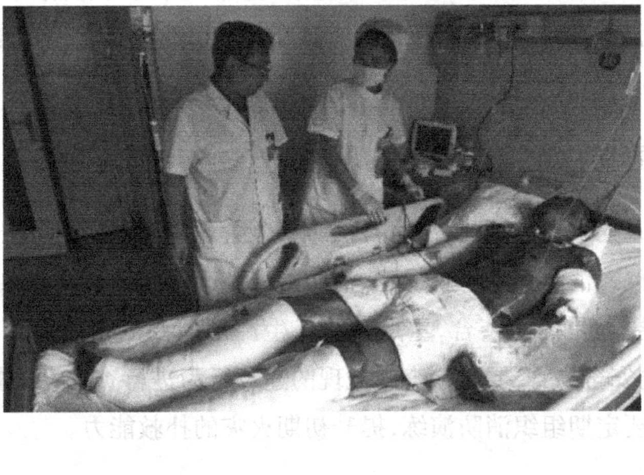

(二)启示

常见引起汽车火灾事故原因及预防措施。

1.机械故障所致:发动机漏油(天然气)被点燃;机械部分高热,如发动机温度过高、制动器温度过高(通常为制动器发咬)、排气管温度过高引燃其他易燃物品。

预防措施:加强对车辆的检查保养,防止燃料泄漏、电线短路,排除机械部分不正常高温,特别是长时间在高速路运行,到服务站后应特别检查轮胎温度,排除制动器发咬等机械故障。

2.电器电路过载、电线短路发热起火燃烧。

预防措施:电路保险片齐全有效,发现异味、冒烟时应立即停车检查,排除故障。

3.加油过满泄漏。

预防措施:加油不要过满,地面有加油泄漏燃油时应进行处置后才能发动车辆。

4.交通事故导致车辆漏油(天然气)电路短路起火。

预防措施:交通事故后应立即熄火,断电,断油(天然气),如燃料泄漏应设立警戒线并报警。

5.车载物品自燃。

预防措施:易燃危险物品必须使用危险品专用车辆运输,严格禁止携带易燃危险物品乘坐公共汽车。夜间停车及较长时间停车应关闭电源及 CNG 气源。

6.厂区严禁烟火区域及生产用火应严格遵守消防规定,并作好万一失火的扑救准备,汽车维修时洗件油盆严禁端进车厢。

(三)灭火常识

车辆初期火灾使用灭火器具常识:

1.车载灭火器是车上必备的消防用具,要注意灭火器的保质期。

2.在使用车载灭火器时,应注意 3 点:

(1)发现汽车有异味冒烟时,应当及时用灭火器扑救。

(2)不要猛然打开引擎盖,可以先打开一道小缝,第一时间找准着火点,向内喷射灭火剂。

(3)使用灭火器时,不能往火焰表面喷,应对准火焰根部,确认火焰全部被扑灭后,才能将灭火器移开。

二、火灾事故预防

消防安全管理首先要抓制度建设,完善消防安全管理制度,包括消防安全管理责任制、消防设施、设备管理办法、消防安全检查规定、消防隐患整改及消防资金投入等内容。

消防安全管理要点是消防结合,重点在防。生产部门要严格按照消防安全管理制度执行,要经常进行消防安全检查,要对检查中发现的违章行为进行查处,要对发现的消防隐患立即进行整改。同时要定期组织消防演练,提升初期火灾的扑救能力。

（一）企业消防安全管理制度要点

1.消防安全教育、培训制度要点

（1）通过办消防知识讲座、做宣传栏、开展知识竞赛等多种形式，提高全体员工的消防安全意识。

（2）定期组织员工学习消防法规和各项规章制度，学习火险扑救方法及火灾逃生自救方法。

（3）各部门应针对岗位特点进行消防安全教育及对新员工进行岗前消防培训。

（4）对消防设施维护保养人员和使用人员应进行实地演示和培训。

2.火灾隐患整改制度要点

（1）各部门对存在的火灾隐患应当及时予以消除。

（2）在防火安全检查中，对所发现的火灾隐患书面下发各部门限期整改通知，同时要做好隐患整改情况追踪复查记录。

（3）在火灾隐患未消除前，各部门应当落实防范措施，确保隐患整改期间的消防安全。

（4）对确无能力解决的重大火灾隐患，应当及时向单位消防安全责任人报告，并由单位向上级主管部门或当地政府报告。

（5）应建立防火巡查、检查制度，企业应定期组织消防安全大检查，每次检查结果及处理情况应填写安全台账。

3.安全设施、器材维护管理制度要点

（1）应按规范设置符合国家规定的消防安全疏散指示标志和应急照明设施。

（2）应保持安全出口畅通，严禁占用疏散通道，严禁在安全出口或疏散通道上安装栅栏等影响疏散的障碍物。严禁在工作期间将安全出口上锁。

（3）应保持设施设备整洁、完好。

（4）烟、温感报警系统的烟、温感探头至少每年轮测一次。消防水泵、喷淋水泵每月试开泵一次，室内消火栓、喷淋泄水测试每季度一次。

（5）消防器材应指定专人管理并负责定期巡查，保证其处于完好状态，发现丢失、损坏应立即补充并上报领导。

（6）每年定期两次对灭火器进行普查、换药。

4.防火巡查、检查制度要点

（1）应逐级落实部门消防安全责任制及岗位防火责任制。

（2）消防安全管理职能部门应定期进行防火巡查。

（3）检查中发现火灾隐患，检查人员应填写防火检查记录，将检查情况及时通知受检部门并按照规定及时整改。

（4）对检查中发现的违规行为及火灾隐患未及时整改的，应根据奖惩制度给予处罚。

5.用电安全管理制度要点

(1)严禁随意拉设电源线,严禁超负荷用电。

(2)禁止私用电热棒、电炉等大功率电器。

(3)下班后,应关闭该关闭的所有电源。

6.易燃易爆区域动火安全管理制度要点

易燃易爆区域常见的有企业油库及厂区小油库(洗件油、燃油、润滑油存放点),危化品库(油漆、气炔气存放点)等场所。

(1)易燃易爆危险区域内确需动火作业时,严格执行动火审批制度。

(2)动火作业前应撤离无关人员、清除动火点附近的易燃易爆危险物品或做安全隔离。

(3)动火作业前应做好相应的消防准备工作,作业时应有专业人员负责监控、指挥。

(二)消防常识

1.常用灭火器

常用的灭火器有泡沫、酸碱、干粉、二氧化碳、1121 等类型。由于危险化学品与普通物品理化性质不同,不同的物品着火时必须针对其理化性质选择适当的灭火工具和材料。

(1)泡沫灭火器

泡沫灭火器,是通过筒内酸性溶液与碱性溶液混合后发生化学反应,喷射出泡沫,覆盖在燃烧物的表面上,隔绝空气,起到灭火效果的工具。泡沫灭火器适用于扑救油脂类、石油产品及一般固体物质的初起火灾。

提取手提式泡沫灭火器奔赴现场进行灭火时,要特别注意筒身不宜过度倾斜,以免两种溶液混合。使用时,颠倒筒身,使两种溶液混合而发生化学反应,产生泡沫,由喷嘴喷出;但必须注意不要将筒盖、筒底对着人体,以防万一发生爆炸伤人。

(2)干粉灭火器

干粉灭火器是以高压二氧化碳气体作为动力,喷射干粉灭火剂的灭火工具,适用于扑救石油及其产品、可燃气体和电气设备的初起火灾。

使用手提式干粉灭火器时,打开保险销,把喷管喷口对准火源,拉动拉环,干粉即喷出灭火。

手提式干粉灭火器放置处应保持干燥通风,防止筒体受潮腐蚀,同时还应避免日光暴晒和强热辐射以影响其正常使用。灭火器连接件不得松动,喷嘴塞盖不得脱落以保证灭火器的密封性及气压。

(3)手提式二氧化碳灭火器

二氧化碳灭火器主要适用于扑救贵重设备、档案资料、仪器仪表、600 V 以下的电器及油脂等火灾。二氧化碳灭火器有 MT 型手提式和 MTZ 型鸭嘴式两种。

使用 MT 型手提式二氧化碳灭火器时,应先拔去保险销,一手持喷筒把手,并紧压压把,气体即自动喷出;不用时将手放松即行关闭。

灭火器一经开启，必须重新充装；充装前应进行全面检查，不符合标准规定的，不得再充装。灭火器应每年至少称一次质量。超过规定泄漏量应检修（如称质量后发现二氧化碳减少1/10时，应查明原因并加足气体）。灭火器每隔5年应进行一次水压试验，在水压试验的同时应测定残余应变率，其值不得大于6%，试验后应在灭火器筒体肩部用钢印打上试验年月和试验单位代号。灭火器的维修、再充装应由专业单位承担，并符合国家标准规定。

2.常用的灭火方法

（1）爆炸品常用的灭火方法是用水冷却达到灭火的目的，不能采取窒息法或隔离法，禁止使用砂土覆盖燃烧的爆炸品。

（2）压缩气体遇燃烧、爆炸等险情时，应向气瓶大量浇水使其冷却，并及时将气瓶移出危险区域。

（3）易燃液体一旦发生火灾，不可用水扑救，应采用泡沫、二氧化碳、干粉、1211灭火器等扑救。

（4）腐蚀品着火时，不得用水柱直接喷射，以防腐蚀物品飞溅，应用水柱向高空喷射形成雾状以覆盖火区。

（5）遇水发生剧烈反应，能燃烧、爆炸或放出毒气等危险品着火时，不得用水扑救，应采用二氧化碳、干粉灭火器等扑救。

（6）着火物是强酸时，应尽可能抢出货物，以防高温爆炸、酸液飞溅。无法抢出货物时，可用大量水降低容器温度。

（7）扑救易散发腐蚀性蒸气或有毒气体的火灾时，扑救人员应穿戴防毒面具和相应的防护用品，站在上风处施救；如果被腐蚀物灼伤，应立即用清水清洗创面并送医院救治。

3.常见灭火器的使用方法

（1）干粉灭火器的使用方法

适用范围：适用于扑救各种易燃、可燃液体火灾和易燃、可燃气体火灾以及电器设备火灾。

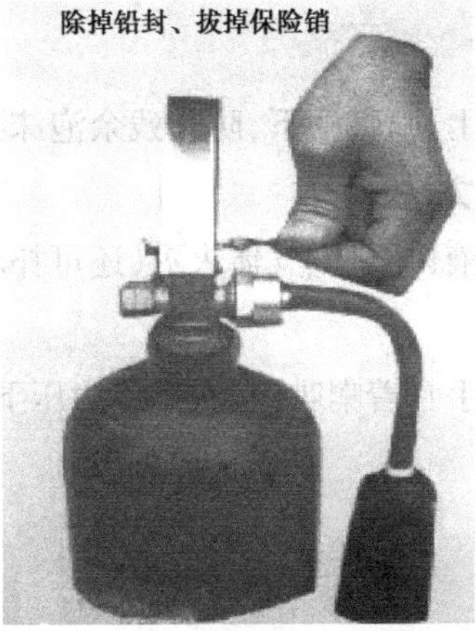

左手握着喷管，右手提着压把在距离火焰2米的地方，右手用力压下压把，左手拿着喷管左右摆动，喷射干粉覆盖整个燃烧区。

(2)泡沫灭火器的使用方法

主要适用于扑救各种油类火灾、木材、纤维、橡胶等固体可燃物火灾。

右手捂住喷嘴，左手执筒底边缘把灭火器颠倒过来呈垂直状态，用力上下晃动，然后放开喷嘴，右手抓筒耳，左手抓筒底边缘，将喷嘴朝向燃烧区，站在离火源8米左右的地方喷射，并不断前进，兜围着火焰喷射，直至把火扑灭。

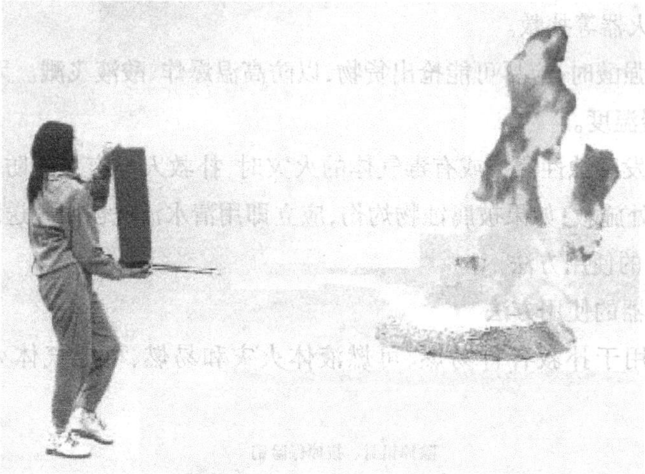

灭火后，把灭火器卧放在地上，喷嘴朝下，防止残余泡沫到处乱喷污染环境。

(3)二氧化碳灭火器的使用方法

主要适用于各种易燃、可燃液体、可燃气体火灾，还可扑救仪器仪表、图书档案、工艺器和低压电器设备等的初起火灾。

站在距火源2米的地方，左手拿着喇叭筒，右手用力压下压把。

对着火源根部喷射,并不断推前,直至把火焰扑灭。

三、公交车的反恐防恐

恐怖分子及对社会不满通常利用公交车或公共汽车站场等人员比较集中的特点实施恐怖袭击等犯罪活动,因此应开展积极的预防。

案例:纵火烧车

2007年10月2日下午,重庆冠忠公司万盛分公司旗下一辆大客车在开往重庆主城区途中,行驶至綦万高速公路綦江境内三角段时,客车前排突发大火,发生火灾事故。初步统计,事故导致车上27名乘客死亡,另有包括司机在内的11人受伤。

事故客车司机陈军提供情况表明,2日17时15分,陈军所驾驶的客车突然起火,猛烈燃烧,火源起于司机后一排。该排乘客是冠忠公司万盛分公司原业务副经理肖永华、张晓亚夫妇,两人提了几个大包上车,未经车站安全检查。火源起于两人的大包。据冠忠公司报告,肖永华因发生家庭纠纷于今年9月20日被公司停职检查,有人反映肖永华不满处分。记者从事故现场指挥部了解到,肖永华、张晓亚夫妇在这起事故中死亡。

经公安机关调查和勘查认定,"10.2"客车燃烧事故系冠忠万盛分公司副经理肖永华,因多次婚姻变故及在家庭成员劳动关系处理中,对企业作出的停职检查处理不满,遂生恶意,纵火烧车,实施了严重危害公共安全的行为,导致惨剧发生。

恐怖分子在公交车或站场犯罪的极端行为通常有爆炸、放火烧车、砍杀乘客、施放有毒物品、劫持乘客提出无理要求等手段。面对恐怖袭击，公交车驾驶员应该勇敢面对、训练有素，沉着、机智地处理险情，妥善疏散乘客，及时报警。

（一）积极预防

1.组织驾驶员学习反恐、防恐知识，训练正确应对恐怖袭击的方法。

2.应履行职责，加强对乘客所携带物品进行检查，防止易燃易爆等危险物品带上公共汽车。

（二）车辆遭恐怖袭击时的应对处置

1.正确判断事件情况，立即停车、打开车门，组织乘客有序疏散。

2.冷静报警，简明扼要说清楚时间、地点、基本情况，组织施救，如发生火灾应积极组织灭火。

3.如发生劫持乘客事件，不要反抗，不对视、不对话，尽量拖延时间，千万不要激怒恐怖分子，等待警方救援。

4.注意自身安全。

附　录

附录一　《人体损伤致残程度分级》(摘录)

5　致残程度分级

5.1　一级

5.1.1　颅脑、脊髓及周围神经损伤

1)持续性植物生存状态;

2)精神障碍或者极重度智能减退,日常生活完全不能自理;

3)四肢瘫(肌力3级以下)或者三肢瘫(肌力2级以下);

4)截瘫(肌力2级以下)伴重度排便功能障碍与重度排尿功能障碍。

5.1.2　颈部及胸部损伤

1)心功能不全,心功能Ⅳ级;

2)严重器质性心律失常,心功能Ⅲ级;

3)心脏移植术后,心功能Ⅲ级;

4)心肺联合移植术后;

5)肺移植术后呼吸困难(极重度)。

5.1.3　腹部损伤

1)原位肝移植术后肝衰竭晚期;

2)双肾切除术后或者孤肾切除术后,需透析治疗维持生命;肾移植术后肾衰竭。

5.1.4　脊柱、骨盆及四肢损伤

1)三肢缺失(上肢肘关节以上,下肢膝关节以上);

2)二肢缺失(上肢肘关节以上,下肢膝关节以上),第三肢各大关节功能丧失均达75%;

3）二肢缺失（上肢肘关节以上，下肢膝关节以上），第三肢任二大关节均强直固定或者功能丧失均达 90%。

5.2　二级

5.2.1　颅脑、脊髓及周围神经损伤

1）精神障碍或者重度智能减退，日常生活随时需有人帮助；

2）三肢瘫（肌力 3 级以下）；

3）偏瘫（肌力 2 级以下）；

4）截瘫（肌力 2 级以下）；

5）非肢体瘫运动障碍（重度）。

5.2.2　头面部损伤

1）容貌毁损（重度）；

2）上颌骨或者下颌骨完全缺损；

3）双眼球缺失或者萎缩；

4）双眼盲目 5 级；

5）双侧眼睑严重畸形（或者眼睑重度下垂，遮盖全部瞳孔），伴双眼盲目 3 级以上。

5.2.3　颈部及胸部损伤

1）呼吸困难（极重度）；

2）心脏移植术后；

3）肺移植术后。

5.2.4　腹部损伤

1）肝衰竭晚期；

2）肾衰竭；

3）小肠大部分切除术后，消化吸收功能丧失，完全依赖肠外营养。

5.2.5　脊柱、骨盆及四肢损伤

1）双上肢肘关节以上缺失，或者一上肢肘关节以上缺失伴一下肢膝关节以上缺失；

2）一肢缺失（上肢肘关节以上，下肢膝关节以上），其余任二肢体各有二大关节功能丧失均达 75%；

3）双上肢各大关节均强直固定或者功能丧失均达 90%。

5.2.6　体表及其他损伤

1）皮肤瘢痕形成达体表面积 90%；

2）重型再生障碍性贫血。

5.3　三级

5.3.1　颅脑、脊髓及周围神经损伤

1）精神障碍或者重度智能减退，不能完全独立生活，需经常有人监护；

2)完全感觉性失语或者混合性失语；

3)截瘫(肌力3级以下)伴排便或者排尿功能障碍；

4)双手全肌瘫(肌力2级以下),伴双腕关节功能丧失均达75%；

5)重度排便功能障碍伴重度排尿功能障碍。

5.3.2 头面部损伤

1)一眼球缺失、萎缩或者盲目5级,另一眼盲目3级；

2)双眼盲目4级；

3)双眼视野接近完全缺损,视野有效值≤4%(直径≤5°)；

4)吞咽功能障碍,完全依赖胃管进食。

5.3.3 颈部及胸部损伤

1)食管闭锁或者切除术后,摄食依赖胃造口或者空肠造口；

2)心功能不全,心功能Ⅲ级。

5.3.4 腹部损伤

1)全胰缺失；

2)一侧肾切除术后,另一侧肾功能重度下降；

3)小肠大部分切除术后,消化吸收功能严重障碍,大部分依赖肠外营养。

5.3.5 盆部及会阴部损伤

1)未成年人双侧卵巢缺失或者萎缩,完全丧失功能；

2)未成年人双侧睾丸缺失或者萎缩,完全丧失功能；

3)阴茎接近完全缺失(残留长度≤1.0 cm)。

5.3.6 脊柱、骨盆及四肢损伤

1)二肢缺失(上肢腕关节以上,下肢膝关节以上)；

2)一肢缺失(上肢腕关节以上,下肢膝关节以上),另一肢各大关节均强直固定或者功能丧失均达90%；

3)双上肢各大关节功能丧失均达75%；双下肢各大关节均强直固定或者功能丧失均达90%；一上肢与一下肢各大关节均强直固定或者功能丧失均达90%。

5.4 四级

5.4.1 颅脑、脊髓及周围神经损伤

1)精神障碍或者中度智能减退,日常生活能力严重受限,间或需要帮助；

2)外伤性癫痫(重度)；

3)偏瘫(肌力3级以下)；

4)截瘫(肌力3级以下)；

5)阴茎器质性勃起障碍(重度)。

5.4.2 头面部损伤

1)符合容貌毁损(重度)标准之三项者;

2)上颌骨或者下颌骨缺损达1/2;

3)一眼球缺失、萎缩或者盲目5级,另一眼重度视力损害;

4)双眼盲目3级;

5)双眼视野极度缺损,视野有效值≤8%(直径≤10°);

6)双耳听力障碍≥91dB HL。

5.4.3 颈部及胸部损伤

1)严重器质性心律失常,心功能Ⅱ级;

2)一侧全肺切除术后;

3)呼吸困难(重度)。

5.4.4 腹部损伤

1)肝切除2/3以上;

2)肝衰竭中期;

3)胰腺大部分切除,胰岛素依赖;

4)肾功能重度下降;

5)双侧肾上腺缺失;

6)永久性回肠造口。

5.4.5 盆部及会阴部损伤

1)膀胱完全缺失或者切除术后,行永久性输尿管腹壁造瘘或者肠代膀胱并永久性造口。

5.4.6 脊柱、骨盆及四肢损伤

1)一上肢腕关节以上缺失伴一下肢踝关节以上缺失,或者双下肢踝关节以上缺失;

2)双下肢各大关节功能丧失均达75%;一上肢与一下肢各大关节功能丧失均达75%;

3)手功能丧失分值达150分。

5.4.7 体表及其他损伤

1)皮肤瘢痕形成达体表面积70%;

2)放射性皮肤癌。

5.5 五级

5.5.1 颅脑、脊髓及周围神经损伤

1)精神障碍或者中度智能减退,日常生活能力明显受限,需要指导;

2)完全运动性失语;

3)完全性失用、失写、失读或者失认等;

4)双侧完全性面瘫;

5)四肢瘫(肌力4级以下);

6)单肢瘫(肌力2级以下);

7)非肢体瘫运动障碍(中度);
8)双手大部分肌瘫(肌力2级以下);
9)双足全肌瘫(肌力2级以下);
10)排便伴排尿功能障碍,其中一项达重度。

5.5.2　头面部损伤

1)符合容貌毁损(重度)标准之二项者;
2)一眼球缺失、萎缩或者盲目5级,另一眼中度视力损害;
3)双眼重度视力损害;
4)双眼视野重度缺损,视野有效值≤16%(直径≤20°);
5)一侧眼睑严重畸形(或者眼睑重度下垂,遮盖全部瞳孔),伴另一眼盲目3级以上;
6)双耳听力障碍≥81 dB HL;
7)一耳听力障碍≥91 dB HL,另一耳听力障碍≥61 dB HL;
8)舌根大部分缺损;
9)咽或者咽后区损伤遗留吞咽功能障碍,只能吞咽流质食物。

5.5.3　颈部及胸部损伤

1)未成年人甲状腺损伤致功能减退,药物依赖;
2)甲状旁腺功能损害(重度);
3)食管狭窄,仅能进流质食物;
4)食管损伤,肠代食管术后。

5.5.4　腹部损伤

1)胰头合并十二指肠切除术后;
2)一侧肾切除术后,另一侧肾功能中度下降;
3)肾移植术后,肾功能基本正常;
4)肾上腺皮质功能明显减退;
5)全胃切除术后;
6)小肠部分切除术后,消化吸收功能障碍,部分依赖肠外营养;
7)全结肠缺失。

5.5.5　盆部及会阴部损伤

1)永久性输尿管腹壁造口;
2)尿瘘难以修复;
3)直肠阴道瘘难以修复;
4)阴道严重狭窄(仅可容纳一中指);
5)双侧睾丸缺失或者完全萎缩,丧失生殖功能;
6)阴茎大部分缺失(残留长度≤3.0 cm)。

5.5.6　脊柱、骨盆及四肢损伤

1)一上肢肘关节以上缺失；

2)一肢缺失(上肢腕关节以上,下肢膝关节以上),另一肢各大关节功能丧失均达50%或者其余肢体任二大关节功能丧失均达75%；

3)手功能丧失分值≥120分。

5.6　六级

5.6.1　颅脑、脊髓及周围神经损伤

1)精神障碍或者中度智能减退,日常生活能力部分受限,但能部分代偿,部分日常生活需要帮助；

2)外伤性癫痫(中度)；

3)尿崩症(重度)；

4)一侧完全性面瘫；

5)三肢瘫(肌力4级以下)；

6)截瘫(肌力4级以下)伴排便或者排尿功能障碍；

7)双手部分肌瘫(肌力3级以下)；

8)一手全肌瘫(肌力2级以下),伴相应腕关节功能丧失75%以上；

9)双足全肌瘫(肌力3级以下)；

10)阴茎器质性勃起障碍(中度)。

5.6.2　头面部损伤

1)符合容貌毁损(中度)标准之四项者；

2)面部中心区条状瘢痕形成(宽度达0.3 cm),累计长度达20.0 cm；

3)面部片状细小瘢痕形成或者色素显著异常,累计达面部面积的80%；

4)双侧眼睑严重畸形；

5)一眼球缺失、萎缩或者盲目5级,另一眼视力≤0.5；

6)一眼重度视力损害,另一眼中度视力损害；

7)双眼视野中度缺损,视野有效值≤48%(直径≤60°)；

8)双侧前庭平衡功能丧失,睁眼行走困难,不能并足站立；

9)唇缺损或者畸形,累计相当于上唇2/3以上。

5.6.3　颈部及胸部损伤

1)双侧喉返神经损伤,影响功能；

2)一侧胸廓成形术后,切除6根以上肋骨；

3)女性双侧乳房完全缺失；

4)心脏瓣膜置换术后,心功能不全；

5)心功能不全,心功能Ⅱ级；

6)器质性心律失常安装永久性起搏器后；

7)严重器质性心律失常；

8)两肺叶切除术后。

5.6.4 腹部损伤

1)肝切除1/2以上；

2)肝衰竭早期；

3)胰腺部分切除术后伴功能障碍,需药物治疗；

4)肾功能中度下降；

5)小肠部分切除术后,影响消化吸收功能,完全依赖肠内营养。

5.6.5 盆部及会阴部损伤

1)双侧卵巢缺失或者萎缩,完全丧失功能；

2)未成年人双侧卵巢萎缩,部分丧失功能；

3)未成年人双侧睾丸萎缩,部分丧失功能；

4)会阴部瘢痕挛缩伴阴道狭窄；

5)睾丸或者附睾损伤,生殖功能重度损害；

6)双侧输精管损伤难以修复；

7)阴茎严重畸形,不能实施性交行为。

5.6.6 脊柱、骨盆及四肢损伤

1)脊柱骨折后遗留30°以上侧弯或者后凸畸形；

2)一肢缺失(上肢腕关节以上,下肢膝关节以上)；

3)双足跖跗关节以上缺失；

4)手或者足功能丧失分值≥90分。

5.6.7 体表及其他损伤

1)皮肤瘢痕形成达体表面积50%；

2)非重型再生障碍性贫血。

5.7 七级

5.7.1 颅脑、脊髓及周围神经损伤

1)精神障碍或者轻度智能减退,日常生活有关的活动能力极重度受限；

2)不完全感觉性失语；

3)双侧大部分面瘫；

4)偏瘫(肌力4级以下)；

5)截瘫(肌力4级以下)；

6)单肢瘫(肌力3级以下)；

7)一手大部分肌瘫(肌力2级以下)；

8)一足全肌瘫(肌力2级以下);
9)重度排便功能障碍或者重度排尿功能障碍。
5.7.2　头面部损伤
1)面部中心区条状瘢痕形成(宽度达0.3 cm),累计长度达15.0 cm;
2)面部片状细小瘢痕形成或者色素显著异常,累计达面部面积的50%;
3)双侧眼睑重度下垂,遮盖全部瞳孔;
4)一眼球缺失或者萎缩;
5)双眼中度视力损害;
6)一眼盲目3级,另一眼视力≤0.5;
7)双眼偏盲;
8)一侧眼睑严重畸形(或者眼睑重度下垂,遮盖全部瞳孔)合并该眼盲目3级以上;
9)一耳听力障碍≥81 dB HL,另一耳听力障碍≥61 dB HL;
10)咽或者咽后区损伤遗留吞咽功能障碍,只能吞咽半流质食物;
11)上颌骨或者下颌骨缺损达1/4;
12)上颌骨或者下颌骨部分缺损伴牙齿缺失14枚以上;
13)颌面部软组织缺损,伴发涎漏。
5.7.3　颈部及胸部损伤
1)甲状腺功能损害(重度);
2)甲状旁腺功能损害(中度);
3)食管狭窄,仅能进半流质食物;食管重建术后并发反流性食管炎;
4)颏颈粘连(中度);
5)女性双侧乳房大部分缺失或者严重畸形;
6)未成年或者育龄女性双侧乳头完全缺失;
7)胸廓畸形,胸式呼吸受限;
8)一肺叶切除,并肺段或者肺组织楔形切除术后。
5.7.4　腹部损伤
1)肝切除1/3以上;
2)一侧肾切除术后;
3)胆道损伤胆肠吻合术后,反复发作逆行性胆道感染;
4)未成年人脾切除术后;
5)小肠部分(包括回盲部)切除术后;
6)永久性结肠造口;
7)肠瘘长期不愈(1年以上)。
5.7.5　盆部及会阴部损伤

1)永久性膀胱造口；

2)膀胱部分切除术后合并轻度排尿功能障碍；

3)原位肠代膀胱术后；

4)子宫大部分切除术后；

5)睾丸损伤,血睾酮降低,需药物替代治疗；

6)未成年人一侧睾丸缺失或者严重萎缩；

7)阴茎畸形,难以实施性交行为；

8)尿道狭窄(重度)或者成形术后；

9)肛管或者直肠损伤,排便功能重度障碍或者肛门失禁(重度)；

10)会阴部瘢痕挛缩致肛门闭锁,结肠造口术后。

5.7.6 脊柱、骨盆及四肢损伤

1)双下肢长度相差 8.0 cm 以上；

2)一下肢踝关节以上缺失；

3)四肢任一大关节(踝关节除外)强直固定于非功能位；

4)四肢任二大关节(踝关节除外)功能丧失均达 75%；

5)一手除拇指外,余四指完全缺失；

6)双足足弓结构完全破坏；

7)手或者足功能丧失分值≥60 分。

5.8 八级

5.8.1 颅脑、脊髓及周围神经损伤

1)精神障碍或者轻度智能减退,日常生活有关的活动能力重度受限；

2)不完全运动性失语;不完全性失用、失写、失读或者失认；

3)尿崩症(中度)；

4)一侧大部分面瘫,遗留眼睑闭合不全和口角歪斜；

5)单肢瘫(肌力 4 级以下)；

6)非肢体瘫运动障碍(轻度)；

7)一手大部分肌瘫(肌力 3 级以下)；

8)一足全肌瘫(肌力 3 级以下)；

9)阴茎器质性勃起障碍(轻度)。

5.8.2 头面部损伤

1)容貌毁损(中度)；

2)符合容貌毁损(重度)标准之一项者；

3)头皮完全缺损,难以修复；

4)面部条状瘢痕形成,累计长度达 30.0 cm;面部中心区条状瘢痕形成(宽度达 0.2 cm),

累计长度达 15.0 cm；

5）面部块状增生性瘢痕形成，累计面积达 15.0 cm^2；面部中心区块状增生性瘢痕形成，单块面积达 7.0 cm^2 或者多块累计面积达 9.0 cm^2；

6）面部片状细小瘢痕形成或者色素异常，累计面积达 100.0 cm^2；

7）一眼盲目 4 级；

8）一眼视野接近完全缺损，视野有效值≤4%（直径≤5°）；

9）双眼外伤性青光眼，经手术治疗；

10）一侧眼睑严重畸形（或者眼睑重度下垂，遮盖全部瞳孔）合并该眼重度视力损害；

11）一耳听力障碍≥91dB HL；

12）双耳听力障碍≥61dB HL；

13）双侧鼻翼大部分缺损，或者鼻尖大部分缺损合并一侧鼻翼大部分缺损；

14）舌体缺损达舌系带；

15）唇缺损或者畸形，累计相当于上唇 1/2 以上；

16）脑脊液漏经手术治疗后持续不愈；

17）张口受限Ⅲ度；

18）发声功能或者构音功能障碍（重度）；

19）咽成形术后咽下运动异常。

5.8.3　颈部及胸部损伤

1）甲状腺功能损害（中度）；

2）颈总动脉或者颈内动脉严重狭窄支架置入或者血管移植术后；

3）食管部分切除术后，并后遗胸腔胃；

4）女性一侧乳房完全缺失；女性双侧乳房缺失或者毁损，累计范围相当于一侧乳房 3/4 以上；

5）女性双侧乳头完全缺失；

6）肋骨骨折 12 根以上并后遗 6 处畸形愈合；

7）心脏或者大血管修补术后；

8）一肺叶切除术后；

9）胸廓成形术后，影响呼吸功能；

10）呼吸困难（中度）。

5.8.4　腹部损伤

1）腹壁缺损≥腹壁的 1/4；

2）成年人脾切除术后；

3）胰腺部分切除术后；

4）胃大部分切除术后；

5)肠部分切除术后,影响消化吸收功能;

6)胆道损伤,胆肠吻合术后;

7)损伤致肾性高血压;

8)肾功能轻度下降;

9)一侧肾上腺缺失;

10)肾上腺皮质功能轻度减退。

5.8.5 盆部及会阴部损伤

1)输尿管损伤行代替术或者改道术后;

2)膀胱大部分切除术后;

3)一侧输卵管和卵巢缺失;

4)阴道狭窄;

5)一侧睾丸缺失;

6)睾丸或者附睾损伤,生殖功能轻度损害;

7)阴茎冠状沟以上缺失;

8)阴茎皮肤瘢痕形成,严重影响性交行为。

5.8.6 脊柱、骨盆及四肢损伤

1)二椎体压缩性骨折(压缩程度均达 1/3);

2)三个以上椎体骨折,经手术治疗后;

3)女性骨盆骨折致骨产道变形,不能自然分娩;

4)股骨头缺血性坏死,难以行关节假体置换术;

5)四肢长骨开放性骨折并发慢性骨髓炎、大块死骨形成,长期不愈(1 年以上);

6)双上肢长度相差 8.0cm 以上;

7)双下肢长度相差 6.0cm 以上;

8)四肢任一大关节(踝关节除外)功能丧失 75%以上;

9)一踝关节强直固定于非功能位;

10)一肢体各大关节功能丧失均达 50%;

11)一手拇指缺失达近节指骨 1/2 以上并相应掌指关节强直固定;

12)一足足弓结构完全破坏,另一足足弓结构部分破坏;

13)手或者足功能丧失分值≥40 分。

5.8.7 体表及其他损伤

1)皮肤瘢痕形成达体表面积 30%。

5.9 九级

5.9.1 颅脑、脊髓及周围神经损伤

1)精神障碍或者轻度智能减退,日常生活有关的活动能力中度受限;

2)外伤性癫痫(轻度);

3)脑叶部分切除术后;

4)一侧部分面瘫,遗留眼睑闭合不全或者口角歪斜;

5)一手部分肌瘫(肌力3级以下);

6)一足大部分肌瘫(肌力3级以下);

7)四肢重要神经损伤(上肢肘关节以上,下肢膝关节以上),遗留相应肌群肌力3级以下;

8)严重影响阴茎勃起功能;

9)轻度排便或者排尿功能障碍。

5.9.2　头面部损伤

1)头皮瘢痕形成或者无毛发,达头皮面积50%;

2)颅骨缺损25.0 cm^2以上,不宜或者无法手术修补;

3)容貌毁损(轻度);

4)面部条状瘢痕形成,累计长度达20.0 cm;面部条状瘢痕形成(宽度达0.2 cm),累计长度达10.0 cm,其中至少5.0 cm以上位于面部中心区;

5)面部块状瘢痕形成,单块面积达7.0 cm^2,或者多块累计面积达9.0 cm^2;

6)面部片状细小瘢痕形成或者色素异常,累计面积达30.0 cm^2;

7)一侧眼睑严重畸形;一侧眼睑重度下垂,遮盖全部瞳孔;双侧眼睑轻度畸形;双侧眼睑下垂,遮盖部分瞳孔;

8)双眼泪器损伤均后遗溢泪;

9)双眼角膜斑翳或者血管翳,累及瞳孔区;双眼角膜移植术后;

10)双眼外伤性白内障;儿童人工晶体植入术后;

11)一眼盲目3级;

12)一眼重度视力损害,另一眼视力≤0.5;

13)一眼视野极度缺损,视野有效值≤8%(直径≤10°);

14)双眼象限性视野缺损;

15)一侧眼睑轻度畸形(或者眼睑下垂,遮盖部分瞳孔)合并该眼中度视力损害;

16)一眼眶骨折后遗眼球内陷5 mm以上;

17)耳郭缺损或者畸形,累计相当于一侧耳廓;

18)一耳听力障碍≥81 dB HL;

19)一耳听力障碍≥61 dB HL,另一耳听力障碍≥41 dB HL;

20)一侧鼻翼或者鼻尖大部分缺损或者严重畸形;

21)唇缺损或者畸形,露齿3枚以上(其中1枚露齿达1/2);

22)颌骨骨折,经牵引或者固定治疗后遗留功能障碍;

23)上颌骨或者下颌骨部分缺损伴牙齿缺失或者折断7枚以上;

24）张口受限Ⅱ度；

25）发声功能或者构音功能障碍（轻度）。

5.9.3 颈部及胸部损伤

1）颈前三角区瘢痕形成，累计面积达 50.0 cm^2；

2）甲状腺功能损害（轻度）；

3）甲状旁腺功能损害（轻度）；

4）气管或者支气管成形术后；

5）食管吻合术后；

6）食管腔内支架置入术后；

7）食管损伤，影响吞咽功能；

8）女性双侧乳房缺失或者毁损，累计范围相当于一侧乳房 1/2 以上；

9）女性一侧乳房大部分缺失或者严重畸形；

10）女性一侧乳头完全缺失或者双侧乳头部分缺失（或者畸形）；

11）肋骨骨折 12 根以上，或者肋骨部分缺失 4 根以上；肋骨骨折 8 根以上并后遗 4 处畸形愈合；

12）心功能不全，心功能Ⅰ级；

13）冠状动脉移植术后；

14）心脏室壁瘤；

15）心脏异物存留或者取出术后；

16）缩窄性心包炎；

17）胸导管损伤；

18）肺段或者肺组织楔形切除术后；

19）肺脏异物存留或者取出术后。

5.9.4 腹部损伤

1）肝部分切除术后；

2）脾部分切除术后；

3）外伤性胰腺假性囊肿术后；

4）一侧肾部分切除术后；

5）胃部分切除术后；

6）肠部分切除术后；

7）胆道损伤胆管外引流术后；

8）胆囊切除术后；

9）肠梗阻反复发作；

10）膈肌修补术后遗留功能障碍（如膈肌麻痹或者膈疝）。

5.9.5　盆部及会阴部损伤

1)膀胱部分切除术后;

2)输尿管狭窄成形术后;

3)输尿管狭窄行腔内扩张术或者腔内支架置入术后;

4)一侧卵巢缺失或者丧失功能;

5)一侧输卵管缺失或者丧失功能;

6)子宫部分切除术后;

7)一侧附睾缺失;

8)一侧输精管损伤难以修复;

9)尿道狭窄(轻度);

10)肛管或者直肠损伤,排便功能轻度障碍或者肛门失禁(轻度)。

5.9.6　脊柱、骨盆及四肢损伤

1)一椎体粉碎性骨折,椎管内骨性占位;

2)一椎体并相应附件骨折,经手术治疗后;二椎体压缩性骨折;

3)骨盆两处以上骨折或者粉碎性骨折,严重畸形愈合;

4)青少年四肢长骨骨骺粉碎性或者压缩性骨折;

5)四肢任一大关节行关节假体置换术后;

6)双上肢前臂旋转功能丧失均达 75%;

7)双上肢长度相差 6.0 cm 以上;

8)双下肢长度相差 4.0 cm 以上;

9)四肢任一大关节(踝关节除外)功能丧失 50%以上;

10)一踝关节功能丧失 75%以上;

11)一肢体各大关节功能丧失均达 25%;

12)双足拇趾功能丧失均达 75%;一足 5 趾功能均完全丧失;

13)双足跟骨粉碎性骨折畸形愈合;

14)双足足弓结构部分破坏;一足足弓结构完全破坏;

15)手或者足功能丧失分值≥25 分。

5.9.7　体表及其他损伤

1)皮肤瘢痕形成达体表面积 10%。

5.10　十级

5.10.1　颅脑、脊髓及周围神经损伤

1)精神障碍或者轻度智能减退,日常生活有关的活动能力轻度受限;

2)颅脑损伤后遗脑软化灶形成,伴有神经系统症状或者体征;

3)一侧部分面瘫;

4)嗅觉功能完全丧失;

5)尿崩症(轻度);

6)四肢重要神经损伤,遗留相应肌群肌力4级以下;

7)影响阴茎勃起功能;

8)开颅术后。

5.10.2 头面部损伤

1)面颅骨部分缺损或者畸形,影响面容;

2)头皮瘢痕形成或者无毛发,面积达40.0 cm^2;

3)面部条状瘢痕形成(宽度达0.2 cm),累计长度达6.0 cm,其中至少3.0 cm位于面部中心区;

4)面部条状瘢痕形成,累计长度达10.0 cm;

5)面部块状瘢痕形成,单块面积达3.0 cm^2,或者多块累计面积达5.0 cm^2;

6)面部片状细小瘢痕形成或者色素异常,累计面积达10.0 cm^2;

7)一侧眼睑下垂,遮盖部分瞳孔;一侧眼睑轻度畸形;一侧睑球粘连影响眼球运动;

8)一眼泪器损伤后遗溢泪;

9)一眼眶骨折后遗眼球内陷2 mm以上;

10)复视或者斜视;

11)一眼角膜斑翳或者血管翳,累及瞳孔区;一眼角膜移植术后;

12)一眼外伤性青光眼,经手术治疗;一眼外伤性低眼压;

13)一眼外伤后无虹膜;

14)一眼外伤性白内障;一眼无晶体或者人工晶体植入术后;

15)一眼中度视力损害;

16)双眼视力≤0.5;

17)一眼视野中度缺损,视野有效值≤48%(直径≤60°);

18)一耳听力障碍≥61 dB HL;

19)双耳听力障碍≥41 dB HL;

20)一侧前庭平衡功能丧失,伴听力减退;

21)耳廓缺损或者畸形,累计相当于一侧耳廓的30%;

22)鼻尖或者鼻翼部分缺损深达软骨;

23)唇外翻或者小口畸形;

24)唇缺损或者畸形,致露齿;

25)舌部分缺损;

26)牙齿缺失或者折断7枚以上;牙槽骨部分缺损,合并牙齿缺失或者折断4枚以上;

27)张口受限Ⅰ度;

28)咽或者咽后区损伤影响吞咽功能。

5.10.3　颈部及胸部损伤

1)颏颈粘连畸形松解术后;

2)颈前三角区瘢痕形成,累计面积达 25.0 cm^2;

3)一侧喉返神经损伤,影响功能;

4)器质性声音嘶哑;

5)食管修补术后;

6)女性一侧乳房部分缺失或者畸形;

7)肋骨骨折 6 根以上,或者肋骨部分缺失 2 根以上;肋骨骨折 4 根以上并后遗 2 处畸形愈合;

8)肺修补术后;

9)呼吸困难(轻度)。

5.10.4　腹部损伤

1)腹壁疝,难以手术修补;

2)肝、脾或者胰腺修补术后;

3)胃、肠或者胆道修补术后;

4)膈肌修补术后。

5.10.5　盆部及会阴部损伤

1)肾、输尿管或者膀胱修补术后;

2)子宫或者卵巢修补术后;

3)外阴或者阴道修补术后;

4)睾丸破裂修补术后;

5)一侧输精管破裂修复术后;

6)尿道修补术后;

7)会阴部瘢痕挛缩,肛管狭窄;

8)阴茎头部分缺失。

5.10.6　脊柱、骨盆及四肢损伤

1)枢椎齿状突骨折,影响功能;

2)一椎体压缩性骨折(压缩程度达 1/3)或者粉碎性骨折;一椎体骨折经手术治疗后;

3)四处以上横突、棘突或者椎弓根骨折,影响功能;

4)骨盆两处以上骨折或者粉碎性骨折,畸形愈合;

5)一侧髌骨切除;

6)一侧膝关节交叉韧带、半月板伴侧副韧带撕裂伤经手术治疗后,影响功能;

7)青少年四肢长骨骨折累及骨骺;

8)一上肢前臂旋转功能丧失75%以上;

9)双上肢长度相差4.0 cm以上;

10)双下肢长度相差2.0 cm以上;

11)四肢任一大关节(踝关节除外)功能丧失25%以上;

12)一踝关节功能丧失50%以上;

13)下肢任一大关节骨折后遗创伤性关节炎;

14)肢体重要血管循环障碍,影响功能;

15)一手小指完全缺失并第5掌骨部分缺损;

16)一足拇趾功能丧失75%以上;一足5趾功能丧失均达50%;双足拇趾功能丧失均达50%;双足除拇趾外任何4趾功能均完全丧失;

17)一足跟骨粉碎性骨折畸形愈合;

18)一足足弓结构部分破坏;

19)手或者足功能丧失分值≥10分。

5.10.7 体表及其他损伤

1)手部皮肤瘢痕形成或者植皮术后,范围达一手掌面积50%;

2)皮肤瘢痕形成达体表面积4%;

3)皮肤创面长期不愈超过1年,范围达体表面积1%。

6 附则

6.1 遇有本标准致残程度分级系列中未列入的致残情形,可根据残疾的实际情况,依据本标准附录A的规定,并比照最相似等级的条款,确定其致残程度等级。

6.2 同一部位和性质的残疾,不应采用本标准条款两条以上或者同一条款两次以上进行鉴定。

6.3 本标准中四肢大关节是指肩、肘、腕、髋、膝、踝等六大关节。

6.4 本标准中牙齿折断是指冠折1/2以上,或者牙齿部分缺失致牙髓腔暴露。

6.5 移植、再植或者再造成活组织器官的损伤应根据实际后遗功能障碍程度参照相应分级条款进行致残程度等级鉴定。

6.6 永久性植入式假体(如颅骨修补材料、种植牙、人工支架等)损坏引起的功能障碍可参照相应分级条款进行致残程度等级鉴定。

6.7 本标准中四肢重要神经是指臂丛及其分支神经(包括正中神经、尺神经、桡神经和肌皮神经等)和腰骶丛及其分支神经(包括坐骨神经、腓总神经和胫神经等)。

6.8 本标准中四肢重要血管是指与四肢重要神经伴行的同名动、静脉。

6.9 精神分裂症或者心境障碍等内源性疾病不是外界致伤因素直接作用所致,不宜作为致残程度等级鉴定的依据,但应对外界致伤因素与疾病之间的因果关系进行说明。

6.10 本标准所指未成年人是指年龄未满18周岁者。

6.11　本标准中涉及面部瘢痕致残程度需测量长度或者面积的数值时,0~6 周岁者按标准规定值 50%计,7~14 周岁者按 80%计。

6.12　本标准中凡涉及数量、部位规定时,注明"以上"、"以下"者,均包含本数(有特别说明的除外)。

附录二 《中华人民共和国道路交通安全法实施条例》(摘录)

第一章 总则

第一条 根据《中华人民共和国道路交通安全法》(以下简称道路交通安全法)的规定,制定本条例。

第二条 中华人民共和国境内的车辆驾驶人、行人、乘车人以及与道路交通活动有关的单位和个人,应当遵守道路交通安全法和本条例。

第三条 县级以上地方各级人民政府应当建立、健全道路交通安全工作协调机制,组织有关部门对城市建设项目进行交通影响评价,制定道路交通安全管理规划,确定管理目标,制定实施方案。

第二章 车辆和驾驶人

第一节 机动车

第四条 机动车的登记,分为注册登记、变更登记、转移登记、抵押登记和注销登记。

第五条 初次申领机动车号牌、行驶证的,应当向机动车所有人住所地的公安机关交通管理部门申请注册登记。申请机动车注册登记,应当交验机动车,并提交以下证明、凭证:

(一)机动车所有人的身份证明。

(二)购车发票等机动车来历证明。

(三)机动车整车出厂合格证明或者进口机动车进口凭证。

(四)车辆购置税完税证明或者免税凭证。

(五)机动车第三者责任强制保险凭证。

(六)法律、行政法规规定应当在机动车注册登记时提交的其他证明、凭证。

不属于国务院机动车产品主管部门规定免予安全技术检验的车型的,还应当提供机动车安全技术检验合格证明。

第六条 已注册登记的机动车有下列情形之一的,机动车所有人应当向登记该机动车的公安机关交通管理部门申请变更登记:

(一)改变机动车车身颜色的。

(二)更换发动机的。

(三)更换车身或者车架的。

(四)因质量有问题,制造厂更换整车的。

(五)营运机动车改为非营运机动车或者非营运机动车改为营运机动车的。

(六)机动车所有人的住所迁出或者迁入公安机关交通管理部门管辖区域的。

申请机动车变更登记,应当提交下列证明、凭证,属于前款第(一)项、第(二)项、第(三)

项、第(四)项、第(五)项情形之一的,还应当交验机动车;属于前款第(二)项、第(三)项情形之一的,还应当同时提交机动车安全技术检验合格证明:

(一)机动车所有人的身份证明。

(二)机动车登记证书。

(三)机动车行驶证。

机动车所有人的住所在公安机关交通管理部门管辖区域内迁移、机动车所有人的姓名(单位名称)或者联系方式变更的,应当向登记该机动车的公安机关交通管理部门备案。

第七条　已注册登记的机动车所有权发生转移的,应当及时办理转移登记。

申请机动车转移登记,当事人应当向登记该机动车的公安机关交通管理部门交验机动车,并提交以下证明、凭证:

(一)当事人的身份证明。

(二)机动车所有权转移的证明、凭证。

(三)机动车登记证书。

(四)机动车行驶证。

第八条　机动车所有人将机动车作为抵押物抵押的,机动车所有人应当向登记该机动车的公安机关交通管理部门申请抵押登记。

第九条　已注册登记的机动车达到国家规定的强制报废标准的,公安机关交通管理部门应当在报废期满的 2 个月前通知机动车所有人办理注销登记。机动车所有人应当在报废期满前将机动车交售给机动车回收企业,由机动车回收企业将报废的机动车登记证书、号牌、行驶证交公安机关交通管理部门注销。机动车所有人逾期不办理注销登记的,公安机关交通管理部门应当公告该机动车登记证书、号牌、行驶证作废。

因机动车灭失申请注销登记的,机动车所有人应当向公安机关交通管理部门提交本人身份证明,交回机动车登记证书。

第十条　办理机动车登记的申请人提交的证明、凭证齐全、有效的,公安机关交通管理部门应当当场办理登记手续。

人民法院、人民检察院以及行政执法部门依法查封、扣押的机动车,公安机关交通管理部门不予办理机动车登记。

第十一条　机动车登记证书、号牌、行驶证丢失或者损毁,机动车所有人申请补发的,应当向公安机关交通管理部门提交本人身份证明和申请材料。公安机关交通管理部门经与机动车登记档案核实后,在收到申请之日起 15 日内补发。

第十二条　税务部门、保险机构可以在公安机关交通管理部门的办公场所集中办理与机动车有关的税费缴纳、保险合同订立等事项。

第十三条　机动车号牌应当悬挂在车前、车后指定位置,保持清晰、完整。重型、中型载货汽车及其挂车、拖拉机及其挂车的车身或者车厢后部应当喷涂放大的牌号,字样应当端正并保持清晰。

机动车检验合格标志、保险标志应当粘贴在机动车前窗右上角。

机动车喷涂、粘贴标识或者车身广告的,不得影响安全驾驶。

第十四条 用于公路营运的载客汽车、重型载货汽车、半挂牵引车应当安装、使用符合国家标准的行驶记录仪。交通警察可以对机动车行驶速度、连续驾驶时间以及其他行驶状态信息进行检查。安装行驶记录仪可以分步实施,实施步骤由国务院机动车产品主管部门会同有关部门规定。

第十五条 机动车安全技术检验由机动车安全技术检验机构实施。机动车安全技术检验机构应当按照国家机动车安全技术检验标准对机动车进行检验,对检验结果承担法律责任。

质量技术监督部门负责对机动车安全技术检验机构实行资格管理和计量认证管理,对机动车安全技术检验设备进行检定,对执行国家机动车安全技术检验标准的情况进行监督。

机动车安全技术检验项目由国务院公安部门会同国务院质量技术监督部门规定。

第十六条 机动车应当从注册登记之日起,按照下列期限进行安全技术检验:

(一)营运载客汽车 5 年以内每年检验 1 次;超过 5 年的,每 6 个月检验 1 次。

(二)载货汽车和大型、中型非营运载客汽车 10 年以内每年检验 1 次;超过 10 年的,每 6 个月检验 1 次。

(三)小型、微型非营运载客汽车 6 年以内每 2 年检验 1 次;超过 6 年的,每年检验 1 次;超过 15 年的,每 6 个月检验 1 次。

(四)摩托车 4 年以内每 2 年检验 1 次;超过 4 年的,每年检验 1 次。

(五)拖拉机和其他机动车每年检验 1 次。

营运机动车在规定检验期限内经安全技术检验合格的,不再重复进行安全技术检验。

第十七条 已注册登记的机动车进行安全技术检验时,机动车行驶证记载的登记内容与该机动车的有关情况不符,或者未按照规定提供机动车第三者责任强制保险凭证的,不予通过检验。

第十八条 警车、消防车、救护车、工程救险车标志图案的喷涂以及警报器、标志灯具的安装、使用规定,由国务院公安部门制定。

第二节 机动车驾驶人

第十九条 符合国务院公安部门规定的驾驶许可条件的人,可以向公安机关交通管理部门申请机动车驾驶证。

机动车驾驶证由国务院公安部门规定式样并监制。

第二十条 学习机动车驾驶,应当先学习道路交通安全法律、法规和相关知识,考试合格后,再学习机动车驾驶技能。

在道路上学习驾驶,应当按照公安机关交通管理部门指定的路线、时间进行。在道路上学习机动车驾驶技能应当使用教练车，在教练员随车指导下进行，与教学无关的人员不得乘坐教练车。学员在学习驾驶中有道路交通安全违法行为或者造成交通事故的，由教练员承担责任。

第二十一条　公安机关交通管理部门应当对申请机动车驾驶证的人进行考试，对考试合格的，在5日内核发机动车驾驶证；对考试不合格的，书面说明理由。

第二十二条　机动车驾驶证的有效期为6年，本条例另有规定的除外。

机动车驾驶人初次申领机动车驾驶证后的12个月为实习期。在实习期内驾驶机动车的，应当在车身后部粘贴或者悬挂统一式样的实习标志。

机动车驾驶人在实习期内不得驾驶公共汽车、营运客车或者执行任务的警车、消防车、救护车、工程救险车以及载有爆炸物品、易燃易爆化学物品、剧毒或者放射性等危险物品的机动车；驾驶的机动车不得牵引挂车。

第二十三条　公安机关交通管理部门对机动车驾驶人的道路交通安全违法行为除给予行政处罚外，实行道路交通安全违法行为累积记分（以下简称记分）制度，记分周期为12个月。对在一个记分周期内记分达到12分的，由公安机关交通管理部门扣留其机动车驾驶证，该机动车驾驶人应当按照规定参加道路交通安全法律、法规的学习并接受考试。考试合格的，记分予以清除，发还机动车驾驶证；考试不合格的，继续参加学习和考试。

应当给予记分的道路交通安全违法行为及其分值，由国务院公安部门根据道路交通安全违法行为的危害程度规定。

公安机关交通管理部门应当提供记分查询方式供机动车驾驶人查询。

第二十四条　机动车驾驶人在一个记分周期内记分未达到12分，所处罚款已经缴纳的，记分予以清除；记分虽未达到12分，但尚有罚款未缴纳的，记分转入下一记分周期。

机动车驾驶人在一个记分周期内记分2次以上达到12分的，除按照第二十三条的规定扣留机动车驾驶证、参加学习、接受考试外，还应当接受驾驶技能考试。考试合格的，记分予以清除，发还机动车驾驶证；考试不合格的，继续参加学习和考试。

接受驾驶技能考试的，按照本人机动车驾驶证载明的最高准驾车型考试。

第二十五条　机动车驾驶人记分达到12分，拒不参加公安机关交通管理部门通知的学习，也不接受考试的，由公安机关交通管理部门公告其机动车驾驶证停止使用。

第二十六条　机动车驾驶人在机动车驾驶证的6年有效期内，每个记分周期均未达到12分的，换发10年有效期的机动车驾驶证；在机动车驾驶证的10年有效期内，每个记分周期均未达到12分的，换发长期有效的机动车驾驶证。

换发机动车驾驶证时，公安机关交通管理部门应当对机动车驾驶证进行审验。

第二十七条　机动车驾驶证丢失、损毁，机动车驾驶人申请补发的，应当向公安机关交通管理部门提交本人身份证明和申请材料。公安机关交通管理部门经与机动车驾驶证档案核实后，在收到申请之日起3日内补发。

第二十八条　机动车驾驶人在机动车驾驶证丢失、损毁、超过有效期或者被依法扣留、暂扣期间以及记分达到 12 分的，不得驾驶机动车。

第三章　道路通行条件

第二十九条　交通信号灯分为：机动车信号灯、非机动车信号灯、人行横道信号灯、车道信号灯、方向指示信号灯、闪光警告信号灯、道路与铁路平面交叉道口信号灯。

第三十条　交通标志分为：指示标志、警告标志、禁令标志、指路标志、旅游区标志、道路施工安全标志和辅助标志。

道路交通标线分为：指示标线、警告标线、禁止标线。

第三十一条　交通警察的指挥分为：手势信号和使用器具的交通指挥信号。

第三十二条　道路交叉路口和行人横过道路较为集中的路段应当设置人行横道、过街天桥或者过街地下通道。

在盲人通行较为集中的路段，人行横道信号灯应当设置声响提示装置。

第三十三条　城市人民政府有关部门可以在不影响行人、车辆通行的情况下，在城市道路上施划停车泊位，并规定停车泊位的使用时间。

第三十四条　开辟或者调整公共汽车、长途汽车的行驶路线或者车站，应当符合交通规划和安全、畅通的要求。

第三十五条　道路养护施工单位在道路上进行养护、维修时，应当按照规定设置规范的安全警示标志和安全防护设施。道路养护施工作业车辆、机械应当安装示警灯，喷涂明显的标志图案，作业时应当开启示警灯和危险报警闪光灯。对未中断交通的施工作业道路，公安机关交通管理部门应当加强交通安全监督检查。发生交通阻塞时，及时做好分流、疏导，维护交通秩序。

道路施工需要车辆绕行的，施工单位应当在绕行处设置标志；不能绕行的，应当修建临时通道，保证车辆和行人通行。需要封闭道路中断交通的，除紧急情况外，应当提前 5 日向社会公告。

第三十六条　道路或者交通设施养护部门、管理部门应当在急弯、陡坡、临崖、临水等危险路段，按照国家标准设置警告标志和安全防护设施。

第三十七条　道路交通标志、标线不规范，机动车驾驶人容易发生辨认错误的，交通标志、标线的主管部门应当及时予以改善。

道路照明设施应当符合道路建设技术规范，保持照明功能完好。

第四章　道路通行规定

第一节　一般规定

第三十八条　机动车信号灯和非机动车信号灯表示：

（一）绿灯亮时，准许车辆通行，但转弯的车辆不得妨碍被放行的直行车辆、行人通行。

（二）黄灯亮时，已越过停止线的车辆可以继续通行。

(三)红灯亮时,禁止车辆通行。

在未设置非机动车信号灯和人行横道信号灯的路口,非机动车和行人应当按照机动车信号灯的表示通行。

红灯亮时,右转弯的车辆在不妨碍被放行的车辆、行人通行的情况下,可以通行。

第三十九条　人行横道信号灯表示:

(一)绿灯亮时,准许行人通过人行横道。

(二)红灯亮时,禁止行人进入人行横道,但是已经进入人行横道的,可以继续通过或者在道路中心线处停留等候。

第四十条　车道信号灯表示:

(一)绿色箭头灯亮时,准许本车道车辆按指示方向通行。

(二)红色叉形灯或者箭头灯亮时,禁止本车道车辆通行。

第四十一条　方向指示信号灯的箭头方向向左、向上、向右分别表示左转、直行、右转。

第四十二条　闪光警告信号灯为持续闪烁的黄灯,提示车辆、行人通行时注意瞭望,确认安全后通过。

第四十三条　道路与铁路平面交叉道口有两个红灯交替闪烁或者一个红灯亮时,表示禁止车辆、行人通行;红灯熄灭时,表示允许车辆、行人通行。

第二节　机动车通行规定

第四十四条　在道路同方向划有 2 条以上机动车道的,左侧为快速车道,右侧为慢速车道。在快速车道行驶的机动车应当按照快速车道规定的速度行驶,未达到快速车道规定的行驶速度的,应当在慢速车道行驶。摩托车应当在最右侧车道行驶。有交通标志标明行驶速度的,按照标明的行驶速度行驶。慢速车道内的机动车超越前车时,可以借用快速车道行驶。

在道路同方向划有 2 条以上机动车道的,变更车道的机动车不得影响相关车道内行驶的机动车的正常行驶。

第四十五条　机动车在道路上行驶不得超过限速标志、标线标明的速度。在没有限速标志、标线的道路上,机动车不得超过下列最高行驶速度:

(一)没有道路中心线的道路,城市道路为每小时 30 公里,公路为每小时 40 公里。

(二)同方向只有 1 条机动车道的道路,城市道路为每小时 50 公里,公路为每小时 70 公里。

第四十六条　机动车行驶中遇有下列情形之一的,最高行驶速度不得超过每小时 30 公里,其中拖拉机、电瓶车、轮式专用机械车不得超过每小时 15 公里:

(一)进出非机动车道,通过铁路道口、急弯路、窄路、窄桥时。

(二)掉头、转弯、下陡坡时。

(三)遇雾、雨、雪、沙尘、冰雹,能见度在 50 米以内时。

(四)在冰雪、泥泞的道路上行驶时。

（五）牵引发生故障的机动车时。

第四十七条　机动车超车时，应当提前开启左转向灯、变换使用远、近光灯或者鸣喇叭。在没有道路中心线或者同方向只有 1 条机动车道的道路上，前车遇后车发出超车信号时，在条件许可的情况下，应当降低速度、靠右让路。后车应当在确认有充足的安全距离后，从前车的左侧超越，在与被超车辆拉开必要的安全距离后，开启右转向灯，驶回原车道。

第四十八条　在没有中心隔离设施或者没有中心线的道路上，机动车遇相对方向来车时应当遵守下列规定：

（一）减速靠右行驶，并与其他车辆、行人保持必要的安全距离。

（二）在有障碍的路段，无障碍的一方先行；但有障碍的一方已驶入障碍路段而无障碍的一方未驶入时，有障碍的一方先行。

（三）在狭窄的坡路，上坡的一方先行；但下坡的一方已行至中途而上坡的一方未上坡时，下坡的一方先行。

（四）在狭窄的山路，不靠山体的一方先行。

（五）夜间会车应当在距相对方向来车 150 米以外改用近光灯，在窄路、窄桥与非机动车会车时应当使用近光灯。

第四十九条　机动车在有禁止掉头或者禁止左转弯标志、标线的地点以及在铁路道口、人行横道、桥梁、急弯、陡坡、隧道或者容易发生危险的路段，不得掉头。

机动车在没有禁止掉头或者没有禁止左转弯标志、标线的地点可以掉头，但不得妨碍正常行驶的其他车辆和行人的通行。

第五十条　机动车倒车时，应当察明车后情况，确认安全后倒车。不得在铁路道口、交叉路口、单行路、桥梁、急弯、陡坡或者隧道中倒车。

第五十一条　机动车通过有交通信号灯控制的交叉路口，应当按照下列规定通行：

（一）在划有导向车道的路口，按所需行进方向驶入导向车道。

（二）准备进入环形路口的让已在路口内的机动车先行。

（三）向左转弯时，靠路口中心点左侧转弯。转弯时开启转向灯，夜间行驶开启近光灯。

（四）遇放行信号时，依次通过。

（五）遇停止信号时，依次停在停止线以外。没有停止线的，停在路口以外。

（六）向右转弯遇有同车道前车正在等候放行信号时，依次停车等候。

（七）在没有方向指示信号灯的交叉路口，转弯的机动车让直行的车辆、行人先行。相对方向行驶的右转弯机动车让左转弯车辆先行。

第五十二条　机动车通过没有交通信号灯控制也没有交通警察指挥的交叉路口，除应当遵守第五十一条第（二）项、第（三）项的规定外，还应当遵守下列规定：

（一）有交通标志、标线控制的，让优先通行的一方先行。

（二）没有交通标志、标线控制的，在进入路口前停车瞭望，让右方道路的来车先行。

（三）转弯的机动车让直行的车辆先行。

（四）相对方向行驶的右转弯的机动车让左转弯的车辆先行。

第五十三条　机动车遇有前方交叉路口交通阻塞时，应当依次停在路口以外等候，不得进入路口。

机动车在遇有前方机动车停车排队等候或者缓慢行驶时，应当依次排队，不得从前方车辆两侧穿插或者超越行驶，不得在人行横道、网状线区域内停车等候。

机动车在车道减少的路口、路段，遇有前方机动车停车排队等候或者缓慢行驶的，应当每车道一辆依次交替驶入车道减少后的路口、路段。

第五十四条　机动车载物不得超过机动车行驶证上核定的载质量，装载长度、宽度不得超出车厢，并应当遵守下列规定：

（一）重型、中型载货汽车，半挂车载物，高度从地面起不得超过4米，载运集装箱的车辆不得超过4.2米。

（二）其他载货的机动车载物，高度从地面起不得超过2.5米。

（三）摩托车载物，高度从地面起不得超过1.5米，长度不得超出车身0.2米。两轮摩托车载物宽度左右各不得超出车把0.15米；三轮摩托车载物宽度不得超过车身。

载客汽车除车身外部的行李架和内置的行李箱外，不得载货。载客汽车行李架载货，从车顶起高度不得超过0.5米，从地面起高度不得超过4米。

第五十五条　机动车载人应当遵守下列规定：

（一）公路载客汽车不得超过核定的载客人数，但按照规定免票的儿童除外，在载客人数已满的情况下，按照规定免票的儿童不得超过核定载客人数的10%。

（二）载货汽车车厢不得载客。在城市道路上，货运机动车在留有安全位置的情况下，车厢内可以附载临时作业人员1人至5人；载物高度超过车厢栏板时，货物上不得载人。

（三）摩托车后座不得乘坐未满12周岁的未成年人，轻便摩托车不得载人。

第五十六条　机动车牵引挂车应当符合下列规定：

（一）载货汽车、半挂牵引车、拖拉机只允许牵引1辆挂车。挂车的灯光信号、制动、连接、安全防护等装置应当符合国家标准。

（二）小型载客汽车只允许牵引旅居挂车或者总质量700千克以下的挂车。挂车不得载人。

（三）载货汽车所牵引挂车的载质量不得超过载货汽车本身的载质量。大型、中型载客汽车，低速载货汽车，三轮汽车以及其他机动车不得牵引挂车。

第五十七条　机动车应当按照下列规定使用转向灯：

（一）向左转弯、向左变更车道、准备超车、驶离停车地点或者掉头时，应当提前开启左转向灯。

（二）向右转弯、向右变更车道、超车完毕驶回原车道、靠路边停车时，应当提前开启右转向灯。

第五十八条 机动车在夜间没有路灯、照明不良或者遇有雾、雨、雪、沙尘、冰雹等低能见度情况下行驶时，应当开启前照灯、示廓灯和后位灯，但同方向行驶的后车与前车近距离行驶时，不得使用远光灯。机动车雾天行驶应当开启雾灯和危险报警闪光灯。

第五十九条 机动车在夜间通过急弯、坡路、拱桥、人行横道或者没有交通信号灯控制的路口时，应当交替使用远近光灯示意。

机动车驶近急弯、坡道顶端等影响安全视距的路段以及超车或者遇有紧急情况时，应当减速慢行，并鸣喇叭示意。

第六十条 机动车在道路上发生故障或者发生交通事故，妨碍交通又难以移动的，应当按照规定开启危险报警闪光灯并在车后 50 米至 100 米处设置警告标志，夜间还应当同时开启示廓灯和后位灯。

第六十一条 牵引故障机动车应当遵守下列规定：

（一）被牵引的机动车除驾驶人外不得载人，不得拖带挂车。

（二）被牵引的机动车宽度不得大于牵引机动车的宽度。

（三）使用软连接牵引装置时，牵引车与被牵引车之间的距离应当大于 4 米小于 10 米。

（四）对制动失效的被牵引车，应当使用硬连接牵引装置牵引。

（五）牵引车和被牵引车均应当开启危险报警闪光灯。

汽车吊车和轮式专用机械车不得牵引车辆。摩托车不得牵引车辆或者被其他车辆牵引。

转向或者照明、信号装置失效的故障机动车，应当使用专用清障车拖曳。

第六十二条 驾驶机动车不得有下列行为：

（一）在车门、车厢没有关好时行车。

（二）在机动车驾驶室的前后窗范围内悬挂、放置妨碍驾驶人视线的物品。

（三）拨打接听手持电话、观看电视等妨碍安全驾驶的行为。

（四）下陡坡时熄火或者空挡滑行。

（五）向道路上抛撒物品。

（六）驾驶摩托车手离车把或者在车把上悬挂物品。

（七）连续驾驶机动车超过 4 小时未停车休息或者停车休息时间少于 20 分钟。

（八）在禁止鸣喇叭的区域或者路段鸣喇叭。

第六十三条 机动车在道路上临时停车，应当遵守下列规定：

（一）在设有禁停标志、标线的路段，在机动车道与非机动车道、人行道之间设有隔离设施的路段以及人行横道、施工地段，不得停车。

（二）交叉路口、铁路道口、急弯路、宽度不足 4 米的窄路、桥梁、陡坡、隧道以及距离上述地点 50 米以内的路段，不得停车。

（三）公共汽车站、急救站、加油站、消防栓或者消防队（站）门前以及距离上述地点 30 米以内的路段，除使用上述设施的以外，不得停车。

（四）车辆停稳前不得开车门和上下人员，开关车门不得妨碍其他车辆和行人通行。

（五）路边停车应当紧靠道路右侧，机动车驾驶人不得离车，上下人员或者装卸物品后，立即驶离。

（六）城市公共汽车不得在站点以外的路段停车上下乘客。

第六十四条　机动车行经漫水路或者漫水桥时，应当停车察明水情，确认安全后，低速通过。

第六十五条　机动车载运超限物品行经铁路道口的，应当按照当地铁路部门指定的铁路道口、时间通过。

机动车行经渡口，应当服从渡口管理人员指挥，按照指定地点依次待渡。机动车上下渡船时，应当低速慢行。

第六十六条　警车、消防车、救护车、工程救险车在执行紧急任务遇交通受阻时，可以断续使用警报器，并遵守下列规定：

（一）不得在禁止使用警报器的区域或者路段使用警报器。

（二）夜间在市区不得使用警报器。

（三）列队行驶时，前车已经使用警报器的，后车不再使用警报器。

第六十七条　在单位院内、居民居住区内，机动车应当低速行驶，避让行人；有限速标志的，按照限速标志行驶。

第三节　非机动车通行规定

第六十八条　非机动车通过有交通信号灯控制的交叉路口，应当按照下列规定通行：

（一）转弯的非机动车让直行的车辆、行人优先通行。

（二）遇有前方路口交通阻塞时，不得进入路口。

（三）向左转弯时，靠路口中心点的右侧转弯。

（四）遇有停止信号时，应当依次停在路口停止线以外。没有停止线的，停在路口以外。

（五）向右转弯遇有同方向前车正在等候放行信号时，在本车道内能够转弯的，可以通行；不能转弯的，依次等候。

第六十九条　非机动车通过没有交通信号灯控制也没有交通警察指挥的交叉路口，除应当遵守第六十八条第（一）项、第（二）项和第（三）项的规定外，还应当遵守下列规定：

（一）有交通标志、标线控制的，让优先通行的一方先行。

（二）没有交通标志、标线控制的，在路口外慢行或者停车瞭望，让右方道路的来车先行。

（三）相对方向行驶的右转弯的非机动车让左转弯的车辆先行。

第七十条　驾驶自行车、电动自行车、三轮车在路段上横过机动车道，应当下车推行，有人行横道或者行人过街设施的，应当从人行横道或者行人过街设施通过；没有人行横道、没有行人过街设施或者不便使用行人过街设施的，在确认安全后直行通过。

因非机动车道被占用无法在本车道内行驶的非机动车，可以在受阻的路段借用相邻的机动车道行驶，并在驶过被占用路段后迅速驶回非机动车道。机动车遇此情况应当减速让行。

第七十一条 非机动车载物，应当遵守下列规定：

（一）自行车、电动自行车、残疾人机动轮椅车载物，高度从地面起不得超过1.5米，宽度左右各不得超出车把0.15米，长度前端不得超出车轮，后端不得超出车身0.3米。

（二）三轮车、人力车载物，高度从地面起不得超过2米，宽度左右各不得超出车身0.2米，长度不得超出车身1米。

（三）畜力车载物，高度从地面起不得超过2.5米，宽度左右各不得超出车身0.2米，长度前端不得超出车辕，后端不得超出车身1米。

自行车载人的规定，由省、自治区、直辖市人民政府根据当地实际情况制定。

第七十二条 在道路上驾驶自行车、三轮车、电动自行车、残疾人机动轮椅车应当遵守下列规定：

（一）驾驶自行车、三轮车必须年满12周岁。

（二）驾驶电动自行车和残疾人机动轮椅车必须年满16周岁。

（三）不得醉酒驾驶。

（四）转弯前应当减速慢行，伸手示意，不得突然猛拐，超越前车时不得妨碍被超越的车辆行驶。

（五）不得牵引、攀扶车辆或者被其他车辆牵引，不得双手离把或者手中持物。

（六）不得扶身并行、互相追逐或者曲折竞驶。

（七）不得在道路上骑独轮自行车或者2人以上骑行的自行车。

（八）非下肢残疾的人不得驾驶残疾人机动轮椅车。

（九）自行车、三轮车不得加装动力装置。

（十）不得在非机动道路上学习驾驶非机动车。

第七十三条 在道路上驾驭畜力车应当年满16周岁，并遵守下列规定：

（一）不得醉酒驾驭。

（二）不得并行，驾驭人不得离开车辆。

（三）行经繁华路段、交叉路口、铁路道口、人行横道、急弯路、宽度不足4米的窄路或者窄桥、陡坡、隧道或者容易发生危险的路段，不得超车。驾驭两轮畜力车应当下车牵引牲畜。

（四）不得使用未经驯服的牲畜驾车，随车幼畜须拴系。

（五）停放车辆应当拉紧车闸，拴系牲畜。

第四节 行人和乘车人通行规定

第七十四条 行人不得有下列行为：

（一）在道路上使用滑板、旱冰鞋等滑行工具。

（二）在车行道内坐卧、停留、嬉闹。

（三）追车、抛物击车等妨碍道路交通安全的行为。

第七十五条　行人横过机动车道，应当从行人过街设施通过；没有行人过街设施的，应当从人行横道通过；没有人行横道的，应当观察来往车辆的情况，确认安全后直行通过，不得在车辆临近时突然加速横穿或者中途倒退、折返。

第七十六条　行人列队在道路上通行，每横列不得超过2人，但在已经实行交通管制的路段不受限制。

第七十七条　乘坐机动车应当遵守下列规定：

（一）不得在机动车道上拦乘机动车。

（二）在机动车道上不得从机动车左侧上下车。

（三）开关车门不得妨碍其他车辆和行人通行。

（四）机动车行驶中，不得干扰驾驶，不得将身体任何部分伸出车外，不得跳车。

（五）乘坐两轮摩托车应当正向骑坐。

第五节　高速公路的特别规定

第七十八条　高速公路应当标明车道的行驶速度，最高车速不得超过每小时120公里，最低车速不得低于每小时60公里。

在高速公路上行驶的小型载客汽车最高车速不得超过每小时120公里，其他机动车不得超过每小时100公里，摩托车不得超过每小时80公里。

同方向有2条车道的，左侧车道的最低车速为每小时100公里；同方向有3条以上车道的，最左侧车道的最低车速为每小时110公里，中间车道的最低车速为每小时90公里。道路限速标志标明的车速与上述车道行驶车速的规定不一致的，按照道路限速标志标明的车速行驶。

第七十九条　机动车从匝道驶入高速公路，应当开启左转向灯，在不妨碍已在高速公路内的机动车正常行驶的情况下驶入车道。

机动车驶离高速公路时，应当开启右转向灯，驶入减速车道，降低车速后驶离。

第八十条　机动车在高速公路上行驶，车速超过每小时100公里时，应当与同车道前车保持100米以上的距离，车速低于每小时100公里时，与同车道前车距离可以适当缩短，但最小距离不得少于50米。

第八十一条　机动车在高速公路上行驶，遇有雾、雨、雪、沙尘、冰雹等低能见度气象条件时，应当遵守下列规定：

（一）能见度小于200米时，开启雾灯、近光灯、示廓灯和前后位灯，车速不得超过每小时60公里，与同车道前车保持100米以上的距离。

（二）能见度小于100米时，开启雾灯、近光灯、示廓灯、前后位灯和危险报警闪光灯，车速不得超过每小时40公里，与同车道前车保持50米以上的距离。

（三）能见度小于50米时，开启雾灯、近光灯、示廓灯、前后位灯和危险报警闪光灯，车速不得超过每小时20公里,并从最近的出口尽快驶离高速公路。

遇有前款规定情形时,高速公路管理部门应当通过显示屏等方式发布速度限制、保持车距等提示信息。

第八十二条　机动车在高速公路上行驶,不得有下列行为:

(一)倒车、逆行、穿越中央分隔带掉头或者在车道内停车。

(二)在匝道、加速车道或者减速车道上超车。

(三)骑、轧车行道分界线或者在路肩上行驶。

(四)非紧急情况时在应急车道行驶或者停车。

(五)试车或者学习驾驶机动车。

第八十三条　在高速公路上行驶的载货汽车车厢不得载人。两轮摩托车在高速公路行驶时不得载人。

第八十四条　机动车通过施工作业路段时,应当注意警示标志,减速行驶。

第八十五条　城市快速路的道路交通安全管理,参照本节的规定执行。

高速公路、城市快速路的道路交通安全管理工作,省、自治区、直辖市人民政府公安机关交通管理部门可以指定设区的市人民政府公安机关交通管理部门或者相当于同级的公安机关交通管理部门承担。

第五章　交通事故处理

第八十六条　机动车与机动车、机动车与非机动车在道路上发生未造成人身伤亡的交通事故,当事人对事实及成因无争议的,在记录交通事故的时间、地点、对方当事人的姓名和联系方式、机动车牌号、驾驶证号、保险凭证号、碰撞部位,并共同签名后,撤离现场,自行协商损害赔偿事宜。当事人对交通事故事实及成因有争议的,应当迅速报警。

第八十七条　非机动车与非机动车或者行人在道路上发生交通事故,未造成人身伤亡,且基本事实及成因清楚的,当事人应当先撤离现场,再自行协商处理损害赔偿事宜。当事人对交通事故事实及成因有争议的,应当迅速报警。

第八十八条　机动车发生交通事故,造成道路、供电、通信等设施损毁的,驾驶人应当报警等候处理,不得驶离。机动车可以移动的,应当将机动车移至不妨碍交通的地点。公安机关交通管理部门应当将事故有关情况通知有关部门。

第八十九条　公安机关交通管理部门或者交通警察接到交通事故报警,应当及时赶赴现场,对未造成人身伤亡,事实清楚,并且机动车可以移动的,应当在记录事故情况后责令当事人撤离现场,恢复交通。对拒不撤离现场的,予以强制撤离。

对属于前款规定情况的道路交通事故,交通警察可以适用简易程序处理,并当场出具事故认定书。当事人共同请求调解的,交通警察可以当场对损害赔偿争议进行调解。

对道路交通事故造成人员伤亡和财产损失需要勘验、检查现场的,公安机关交通管理部门应当按照勘查现场工作规范进行。现场勘查完毕,应当组织清理现场,恢复交通。

第九十条　投保机动车第三者责任强制保险的机动车发生交通事故，因抢救受伤人员需要保险公司支付抢救费用的，由公安机关交通管理部门通知保险公司。

抢救受伤人员需要道路交通事故救助基金垫付费用的，由公安机关交通管理部门通知道路交通事故社会救助基金管理机构。

第九十一条　公安机关交通管理部门应当根据交通事故当事人的行为对发生交通事故所起的作用以及过错的严重程度，确定当事人的责任。

第九十二条　发生交通事故后当事人逃逸的，逃逸的当事人承担全部责任。但是，有证据证明对方当事人也有过错的，可以减轻责任。当事人故意破坏、伪造现场、毁灭证据的，承担全部责任。

第九十三条　公安机关交通管理部门对经过勘验、检查现场的交通事故应当在勘查现场之日起10日内制作交通事故认定书。对需要进行检验、鉴定的，应当在检验、鉴定结果确定之日起5日内制作交通事故认定书。

第九十四条　当事人对交通事故损害赔偿有争议，各方当事人一致请求公安机关交通管理部门调解的，应当在收到交通事故认定书之日起10日内提出书面调解申请。

对交通事故致死的，调解从办理丧葬事宜结束之日起开始；对交通事故致伤的，调解从治疗终结或者定残之日起开始；对交通事故造成财产损失的，调解从确定损失之日起开始。

第九十五条　公安机关交通管理部门调解交通事故损害赔偿争议的期限为10日。调解达成协议的，公安机关交通管理部门应当制作调解书送交各方当事人，调解书经各方当事人共同签字后生效；调解未达成协议的，公安机关交通管理部门应当制作调解终结书送交各方当事人。

交通事故损害赔偿项目和标准依照有关法律的规定执行。

第九十六条　对交通事故损害赔偿的争议，当事人向人民法院提起民事诉讼的，公安机关交通管理部门不再受理调解申请。

公安机关交通管理部门调解期间，当事人向人民法院提起民事诉讼的，调解终止。

第九十七条　车辆在道路以外发生交通事故，公安机关交通管理部门接到报案的，参照道路交通安全法和本条例的规定处理。

车辆、行人与火车发生的交通事故以及在渡口发生的交通事故，依照国家有关规定处理。

第六章　执法监督

第九十八条　公安机关交通管理部门应当公开办事制度、办事程序，建立警风警纪监督员制度，自觉接受社会和群众的监督。

第九十九条　公安机关交通管理部门及其交通警察办理机动车登记，发放号牌，对驾驶人考试、发证，处理道路交通安全违法行为，处理道路交通事故，应当严格遵守有关规定，不得越权执法，不得延迟履行职责，不得擅自改变处罚的种类和幅度。

第一百条　公安机关交通管理部门应当公布举报电话，受理群众举报投诉，并及时调查核实,反馈查处结果。

第一百零一条 公安机关交通管理部门应当建立执法质量考核评议、执法责任制和执法过错追究制度,防止和纠正道路交通安全执法中的错误或者不当行为。

第七章 法律责任

第一百零二条 违反本条例规定的行为,依照道路交通安全法和本条例的规定处罚。

第一百零三条 以欺骗、贿赂等不正当手段取得机动车登记或者驾驶许可的,收缴机动车登记证书、号牌、行驶证或者机动车驾驶证,撤销机动车登记或者机动车驾驶许可;申请人在 3 年内不得申请机动车登记或者机动车驾驶许可。

第一百零四条 机动车驾驶人有下列行为之一,又无其他机动车驾驶人即时替代驾驶的,公安机关交通管理部门除依法给予处罚外,可以将其驾驶的机动车移至不妨碍交通的地点或者有关部门指定的地点停放:

(一)不能出示本人有效驾驶证的。

(二)驾驶的机动车与驾驶证载明的准驾车型不符的。

(三)饮酒、服用国家管制的精神药品或者麻醉药品、患有妨碍安全驾驶的疾病,或者过度疲劳仍继续驾驶的。

(四)学习驾驶人员没有教练人员随车指导单独驾驶的。

第一百零五条 机动车驾驶人有饮酒、醉酒、服用国家管制的精神药品或者麻醉药品嫌疑的,应当接受测试、检验。

第一百零六条 公路客运载客汽车超过核定乘员、载货汽车超过核定载质量的,公安机关交通管理部门依法扣留机动车后,驾驶人应当将超载的乘车人转运、将超载的货物卸载,费用由超载机动车的驾驶人或者所有人承担。

第一百零七条 依照道路交通安全法第九十二条、第九十五条、第九十六条、第九十八条的规定被扣留的机动车,驾驶人或者所有人、管理人 30 日内没有提供被扣留机动车的合法证明,没有补办相应手续,或者不前来接受处理,经公安机关交通管理部门通知并且经公告 3 个月仍不前来接受处理的,由公安机关交通管理部门将该机动车送交有资格的拍卖机构拍卖,所得价款上缴国库;非法拼装的机动车予以拆除;达到报废标准的机动车予以报废;机动车涉及其他违法犯罪行为的,移交有关部门处理。

第一百零八条 交通警察按照简易程序当场作出行政处罚的,应当告知当事人道路交通安全违法行为的事实、处罚的理由和依据,并将行政处罚决定书当场交付被处罚人。

第一百零九条 对道路交通安全违法行为人处以罚款或者暂扣驾驶证处罚的,由违法行为发生地的县级以上人民政府公安机关交通管理部门或者相当于同级的公安机关交通管理部门作出决定;对处以吊销机动车驾驶证处罚的,由设区的市人民政府公安机关交通管理部门或者相当于同级的公安机关交通管理部门作出决定。

公安机关交通管理部门对非本辖区机动车的道路交通安全违法行为没有当场处罚的,可以由机动车登记地的公安机关交通管理部门处罚。

第一百一十条　当事人对公安机关交通管理部门及其交通警察的处罚有权进行陈述和申辩,交通警察应当充分听取当事人的陈述和申辩,不得因当事人陈述、申辩而加重其处罚。

第八章　附则

第一百一十一条　本条例所称上道路行驶的拖拉机,是指手扶拖拉机等最高设计行驶速度不超过每小时20公里的轮式拖拉机和最高设计行驶速度不超过每小时40公里、牵引挂车方可从事道路运输的轮式拖拉机。

第一百一十二条　农业(农业机械)主管部门应当定期向公安机关交通管理部门提供拖拉机登记、安全技术检验以及拖拉机驾驶证发放的资料、数据。公安机关交通管理部门对拖拉机驾驶人作出暂扣、吊销驾驶证处罚或者记分处理的,应当定期将处罚决定书和记分情况通报有关的农业(农业机械)主管部门。吊销驾驶证的,还应当将驾驶证送交有关的农业(农业机械)主管部门。

第一百一十三条　境外机动车入境行驶,应当向入境地的公安机关交通管理部门申请临时通行号牌、行驶证。临时通行号牌、行驶证应当根据行驶需要,载明有效日期和允许行驶的区域。

入境的境外机动车申请临时通行号牌、行驶证以及境外人员申请机动车驾驶许可的条件、考试办法由国务院公安部门规定。

第一百一十四条　机动车驾驶许可考试的收费标准,由国务院价格主管部门规定。

第一百一十五条　本条例自2004年5月1日起施行。1960年2月11日国务院批准、交通部发布的《机动车管理办法》,1988年3月9日国务院发布的《中华人民共和国道路交通管理条例》,1991年9月22日国务院发布的《道路交通事故处理办法》,同时废止。

参考书目

[1] 张开云.大客车防御性驾驶技术[M].北京:人民交通出版社,2017.

[2] 庞远智.汽车运输企业安全管理实务[M].重庆:重庆大学出版社,2012.

[3] 杨宗义.安全行车心理学[M].重庆:重庆出版社,1983.